内蒙古的冬天非常冷,当时雪下得很厚,我穿的是拖鞋,半路上鞋都跑丢了,只能忍着寒冷一路跑回家。

我女儿给我画的第一幅肖像画居然像电影《功夫》里面的包租婆。

纸上的玫瑰

外面正在下雨,路上有小水坑,我一踩水就溅到我姐身上,她"嘎嘎"地乐。

"妈妈,我上学了,你毕业了。"
"是啊,宝贝,你上学了,妈妈也毕业了。我们一起走过了这段旅程,现在,我们要在新的起点上继续前行。"

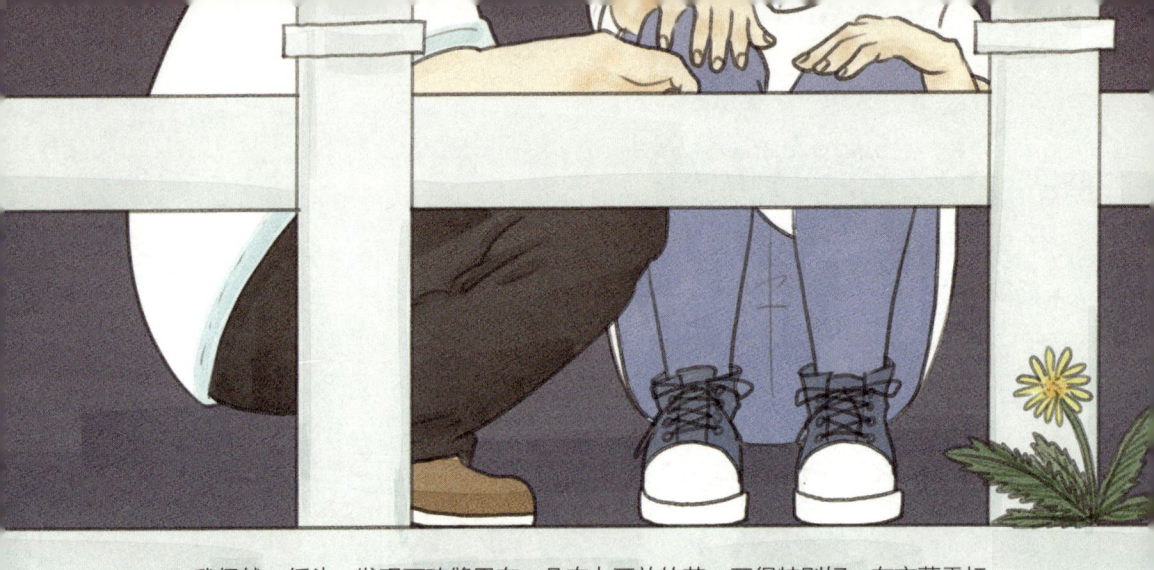

我偶然一低头,发现石砖缝里有一朵奋力开放的花,开得特别好,在夜幕霓虹灯的映照下,它随风摇摆着,毫不起眼。

为你而来

后来那个孩子真的把自己的零花钱攒起来，去喂养院子里的流浪猫。

父母情绪稳 孩子有底气

唤醒孩子的自驱内核

王立宁 著

北京联合出版公司
Beijing United Publishing Co.,Ltd.

目录

序言　出于爱，为何却让孩子受伤？ /1

理解父母，看见自己，读懂孩子

01　4岁时被母亲"抛弃"，36年后，我终于原谅了她 /4
　　——过去的伤，如何在当下被疗愈

02　妈妈给我的痛也成了我的智慧之种 /10
　　——如何止息原生家庭的伤痛

03 我如此有"老人缘"的背后是我一生的遗憾 /16
　　——如何放下对父母爱和恨的纠缠

04 妈妈不让我滑冰，我以为都是她的错 /19
　　——三步净化原生家庭，化解"原生家庭之痛"

05 "离家出走"20多年，才渐渐读懂父亲的那份爱 /22
　　——如何在原生家庭中看见爱，获得智慧

06 长大后才真正看见父亲的好 /26
　　——如何协调家庭里的能量，让彼此和谐相融

07 父亲的那句话让我感到被深深地认同 /30
　　——看见孩子，他们的生命便会不一样

08 父爱如水，云淡归于静 /32
　　——如何通过原生家庭习得爱的智慧

09 "大年三十的那顿饺子"，我重新看见了孩子 /37
　　——理解、共情，成为不伤人的父母

10 一碗糊汤面，我看见了母亲、自己和女儿 /44
　　——如何不让过往的伤痛成为今天的障碍

11 允许女儿跟后妈亲，我认为是给予女儿最好的爱 /52
　　——如何真正给予孩子完整的爱

12 "丧偶式育儿"都是怎么形成的 /56
　　——夫妻共育：解锁各类"队友"的育儿潜能

13 好的教育就像老师的那碗蛋炒饭 /60
　　——走进孩子的心，觉察孩子内在需求

2 觉醒　与孩子重新联结

01 从那一刻开始，我与女儿重新联结 /68
　　——父母的觉醒力量从哪里来

02 别让主观臆断阻断了孩子爱的表达 /75
　　——如何倾听孩子，与孩子有效沟通

03 母亲节我想送你一朵花，可是你却打了我 /83
　　——如何真正读懂孩子的心

04 只有解放焦虑的妈妈，才能解放焦虑的小孩 /88
　　——如何向孩子表达内心，与孩子和解

05 对家的认同感，是培养孩子内核的关键 /92
　　——如何培养内核稳定的孩子

06 我妈说我没常性，长大才明白那也可以是优点 /96
　　——发现孩子的天生气质，让他们成为自己

07 懂在爱之前，一位慢慢读懂孩子的父亲 /100
　　——不吼也不叫，怎么让孩子听你的

08 我终于学会做松鼠鱼，也真正看见了孩子 /105
　　——亲子之间如何做到彼此接纳、包容

09 我的"中央美术学院梦"，不想让女儿为我实现 /112
　　——真正让孩子如其所是，成为自己

10 高考的前夕，我陪着女儿换专业 /117
　　——陪伴与接纳，帮孩子找到生命的活力与热爱

11 我和姐姐踩过的水坑，度过的快乐日子 /125
　　——如何构建孩子的心理韧性

12 情感关系畅通，教育才能发生 /128
　　——如何做到真正顺畅的情感表达

·3· 允许

唤醒孩子的自驱力

01 让兔子去奔跑，让老鹰去飞翔 /142
　　——允许孩子在学习上有差异

02 找到伤害孩子学习动力的罪魁祸首 /146
　　——如何保有孩子最初的学习天性

03 我用一个改变，助力孩子跨越学习障碍 /150
　　——如何真正成为孩子学习的支持者

04 当孩子跟你说累的时候，请帮他停下来 /159
　　——如何帮助孩子松弛学习

05 给孩子一个学习的理由，为他的生命画一个靶子 /163
　　——帮孩子找到学习动力，规划学习目标

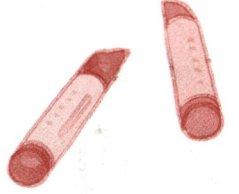

06 关于学习，其实每个孩子都潜力无限 /168
　　——唤醒孩子内在的学习力

07 我这样帮助女儿在学习上奋起直追 /172
　　——成为孩子学习进阶之路上的陪伴者

08 为孩子的学习赋能，激发孩子的自主意识 /181
　　——帮孩子养成好的学习态度和习惯

09 当成绩"卷"到尽头，未来教育拼的是什么 /188
　　——成绩之外，父母还可以如何引领孩子

01 延迟性满足：从 BJD 娃娃说起 /196
　　——如何帮孩子树立规则意识

02 不要被孩子的语言所蒙蔽 /202
　　——听懂青春期孩子语言背后的心声

03 女儿追星不学习，我是怎么做的 /206
　　——如何与孩子同频共振

04 我们禁止孩子做的，青春期他们会再做一遍 /213
　　——不过度管制，让孩子体验他该体验的

05 为何我们与孩子渐行渐远 /218
　　——气定神闲的父母才能抱持叛逆的孩子

06 一片沙漠只能孕育出仙人掌 /225
　　——看见孩子的本色，重塑孩子的生命内核

07 预防孩子沉迷手机，家长只需要做对一步 /229
　　——用情感交流代替电子产品

08 让自己成为你想要孩子成为的样子 /232
　　——是什么决定了孩子的生命状态

09 我帮女儿保号，反而让她不再玩游戏了 /236
　　——如何帮孩子戒除手机瘾

·5· 抱持

让孩子自主自立

01 养育是要帮孩子独立，而不是代劳 / 244
——如何帮助孩子建立生活的自主性

02 家长不敢放手，孩子永远长不大 / 251
——学会搀扶与放手的智慧

03 自立的背后是深深的爱和安全感 / 256
——分清独立教育和人为挫折教育

04 让孩子多参与家庭生活，越参与越独立 / 260
——帮孩子获得对生活的掌控感、成就感

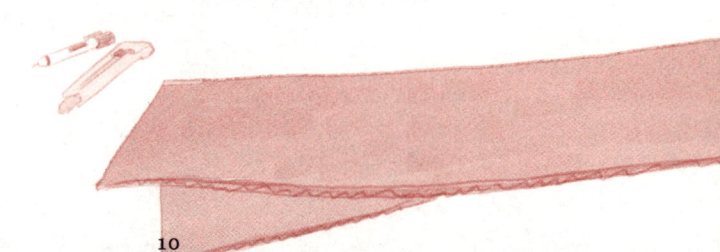

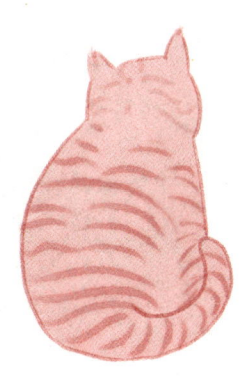

05 我用这招帮孩子学会管理自己的财务 /264
　　——如何培养孩子的财务自主管理能力

06 坚持"爱"的立场，用"在场"为孩子兜底 /269
　　——如何提升孩子的财商

07 孩子偷钱，不打不骂也能让孩子不再犯 /274
　　——孩子犯错之后要如何处理

08 爱的引导：帮孩子得到自己想要的东西 /277
　　——如何激发孩子的主动性、创造性

09 用爱唤醒孩子的善：13岁踢猫少年的改变 /281
　　——如何让孩子学会珍爱生命，向善成长

结语　周遭的一切，都会因为我的不同而不同 /285

学员语录 /287

爱不光需要能力，
还需要毅力；
被爱不是怀疑，
是相信。
爱求不得，
换不来，
爱不是等价交换，
而是能量，
是一种状态。

序言

出于爱，为何却让孩子受伤？

在亲子关系的长河中，我曾是一位迷失方向的舵手，更是一位曾经深感困惑与自责的妈妈。学习心理学之前，我很主观，教育理念深受自己母亲的影响，认为孩子必须时刻乖乖听话，否则一定严加管教。我的教育手段随着孩子年龄的增长，强度也在不断升级，从孩子三四岁时用严厉的表情和眼神控制，到六七岁时对她大声吼叫，直至动手。在这个过程中，负面情绪长期压抑着孩子幼小的心灵，她开始抵抗，甚至变得麻木。同时，这些手段也严重损害了她的自尊心和对我的信任感，母女心理的距离渐行渐远。

当我和孩子的"最后一场战争"不可避免地爆发后，巨大的打击感和挫败感甚至让我一度产生轻生的念头，但是作为母亲的责任感却生生把我从悬崖边缘拉回到现实，那时的我只剩下最后一个念头："女儿还需要我，我没有死的权利。"

我开始学习心理学。通过学习成长，我终于看见了自己的自以为是如何酿成了母女之间的对立，看见了那些所谓爱的表达方式给孩子带来多大的伤害，看见了女儿渴望妈妈的陪伴却得不到时的失落和伤心。我终于意识到自己居然是一个如此不负责任、如此糊涂的妈妈！

回想自己曾经的教育方式，那些看似为了孩子好的严格要求、无微不至的呵护与关注，在不经意间成为束缚孩子成长的枷锁。**我开始明白，真正的爱，绝不是占有和控制，而是理解、尊重与放手。**

于是，我阅读了大量关于家庭教育的书籍，参加了各种讲座与研讨会，试图从他人的经验中找到自己的出路。就这样一边学习一边摸索前行，对女儿进行倒叙式的家庭教育，从放下身段真诚地道歉到对女儿全方位的接纳和包容，我们的亲子关系逐渐缓和，我也发现了隐藏在我们母女之间十几年的误解，最后清晰地看到：**原来我们一直都彼此相爱，而这份爱，却一直在智慧之外。**

时至今日，我和女儿的关系已经远超寻常母女的亲密无间，我们无话不谈，分享彼此的喜怒哀乐、关爱与支持。在这段亲子关系的修补过程中，我逐渐看到了当下家庭教育的普遍现状：许多父母像我一样，注重满足孩子的物质需求而忽视亲子陪伴；出于对孩子的爱，却往往因为方法不当，给孩子带来了深深的伤害；无视孩子的个性与需求，试图用一套标准去衡量与塑造他们，结果却适得其反。

在这本书中我将分享如何培养和谐的亲子关系，如何帮助孩子自驱成长、快乐长大。希望父母做到以下几点。

第一，父母需要觉醒。 父母需要意识到自己的提升与孩子的成长是紧密相连的。这种觉醒不仅仅要认识到孩子是自己的过去与未来的联结，更要深刻理解，作为父母，我们的行为和态度对孩子有着深远的影响。因此，我们必须学会爱，懂得爱与被爱的智慧，这种爱不是占有、比较或控制，而是真正地接纳与理解。

第二，与孩子建立良好的情感基础。 父母需要与孩子建立深厚的情感联结，让孩子在家庭中感受到安全感和被尊重。当孩子在学习或生活中遇到困难时，父母应给予鼓励和支持，而不是简单地批评或指责。父母可以通过嘉许孩子的努力和进步，帮助他们树立自信，从而激发他们自主学习的动力。

第三，父母需要尊重孩子的个体差异，理解并接纳他们的独特性。每个孩子都有自己的成长节奏和方式，父母不应追求完美或期望孩子按照自己的意愿行事。相反，我们应该鼓励孩子去尝试、去探索，让他们在实践中发现自己的兴趣和潜能。

第四，面对孩子的叛逆和"躺平"，父母需要耐心和智慧。通过延迟性满足和建立规则感，我们可以帮助孩子更好地应对青春期的挑战。在与孩子沟通时，要保持开放和包容的心态，不要被孩子的表面语言所蒙蔽，而要深入理解他们的内心需求和感受。

第五，父母需要学会放手，让孩子在自主自立中成长。放手并不意味着放任不管，而是要在适当的时机给予孩子独立面对生活的机会。通过让孩子自己管理财务、做出关键选择并承担后果，孩子可以逐渐建立起自我管理的能力和负责感。

这本书分享了我和女儿的成长经历，以及我从事家庭教育多年的感悟，希望它能给更多像我一样在亲子关系中曾迷失方向的父母带去一些启示与帮助。让我们一起在爱的迷雾中寻找光明，共同塑造高质量的亲子关系，在陪伴中和孩子一起成长！

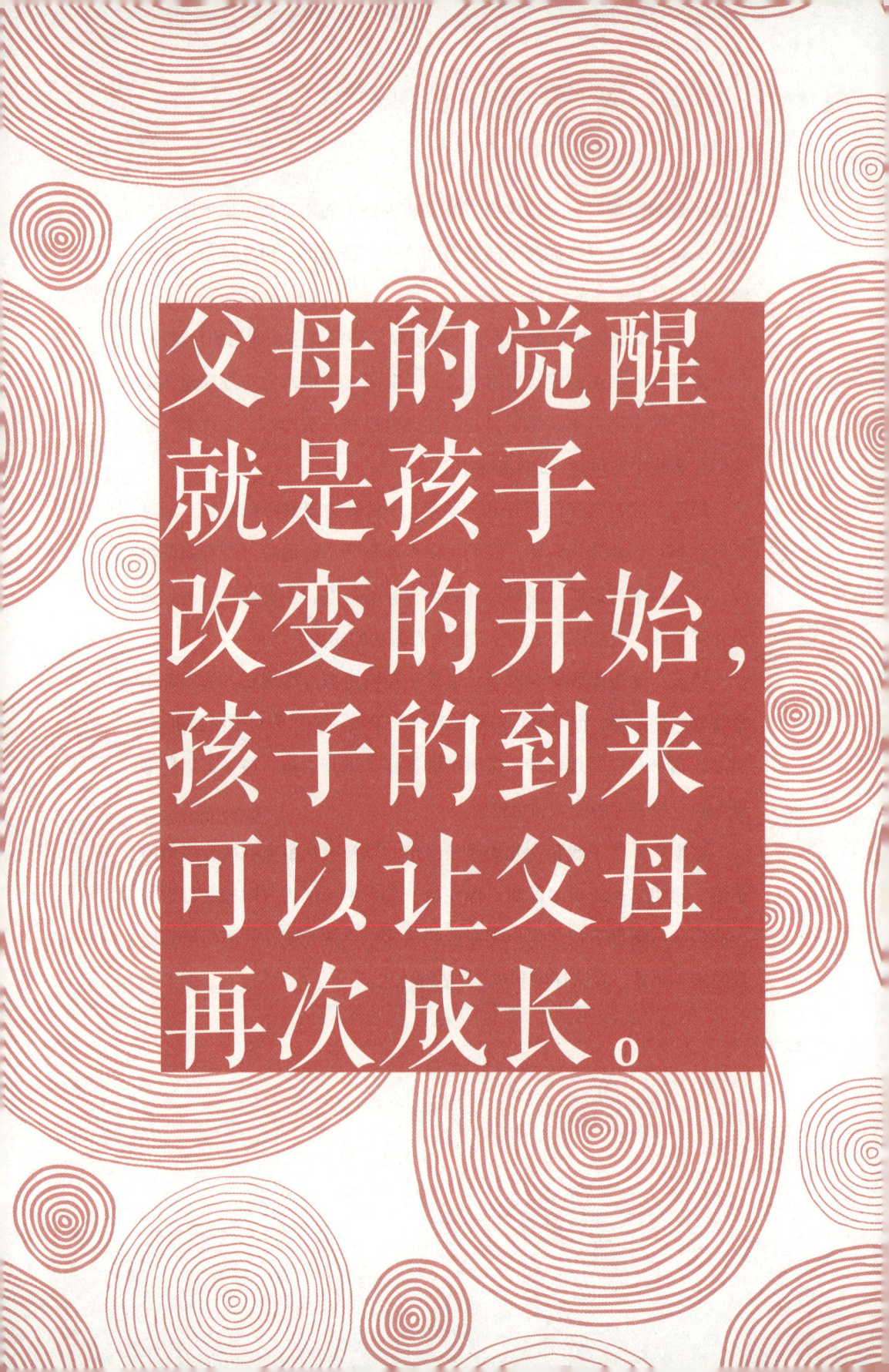

父母的觉醒就是孩子改变的开始，孩子的到来可以让父母再次成长。

·1·
觉察

理解父母，看见自己，
读懂孩子

  在一个人的生命画卷中，孩子的到来无疑是最绚烂的一笔。他们不仅是生命的延续，更是家庭希望与梦想的寄托。然而，在孩子成长的过程中，我们往往会发现，他们的每一步前行都伴随着父母的自我审视与成长。"父母的觉醒，就是孩子改变的开始。"这句话不仅揭示了亲子关系的本质，更指明了家庭成长的方向。

  孩子的降临，并非简单的生命延续，而是让父母有机会再次踏上成长的旅程。在陪伴孩子成长的过程中，我们会遇到各种挑战与困惑，这些经历如同磨刀石，不断磨砺着我们的心智与情感，让我们学会耐心、学会理解、学会包容，更重要的是，我们学会了如何成为一个更好的自己。孩子的到来，仿佛是一面镜子，映照出我们内心的不足与渴望，促使我们不断前行，不断超越。

  然而，在孩子成长的过程中，我们应时刻警惕不要让现在的孩子成为过去的自己。作为父母，我们有责任打破原生家庭的束缚，避免将过去的遗憾与痛苦传递给下一代。原生家庭的影响是深远而复杂的，它可能影响我们的性格、价值观，乃至人生轨迹。

  但正如破茧成蝶的蜕变，我们完全有能力通过正确的方法，突破原生家庭的藩篱，勇于面对并克服内心的恐惧与障碍，从原生家庭的伤痛中寻找并培育智慧之种，扬升原生家庭的智慧，发现积极、正面的价值观与经验并传承下去，为孩子创造一个更加健康、和谐的家庭环境，让家庭成为我们共同成长的坚实基石。

在亲子关系中，孩子与父母之间存在着一种奇妙的联结。孩子就像是我们的过去，承载着我们曾经的梦想与期望；而我们则是自己的现在，正站在人生的十字路口，面临着选择与挑战；父母则成为我们的未来，他们通过言传身教，塑造了我们现在的模样。在同一个空间和时间里，能让我们的过去与未来同时并存在当下的，只有亲子的关系。这种独特的联结让我们有机会在回望过去的同时，也能展望未来，从而更加清晰地认识自己，明确前行的方向。

孩子在身边时，我们能清晰地看见生命的来处，那是我们成长的起点与根基；而父母健在时，我们则能清晰地看见自己的归途，那是我们最终的归宿与依托。因此，开启一切转变的钥匙，实际上就掌握在我们自己手中。我们无法选择成为什么样的人的后代，但我们可以选择成为怎样的祖先。通过处理好"我"和"生我的人"的关系，我们能够学会如何爱与被爱，也将为"我"和"我生的人"的关系带来转变的机会。

4岁时被母亲"抛弃"，
36年后，我终于原谅了她

—— 过去的伤，如何在当下被疗愈

过往塑造今朝，但非未来枷锁，揭开伤疤非为缝合，只为见证其本无存。

在我幼年的时候，爸爸妈妈离婚了。7岁之前，我是在单亲家庭里长大的，妈妈带着我去了另外一个城市生活。妈妈在一个工厂里上班，工作时没有办法把我带在身边，工厂里又没有幼儿园或托管班，我每天就在工厂里自己玩耍。

后来，厂长注意到了我，就跟我妈妈说："你家孩子在院子里乱跑不行，她得待在宿舍，待不住你就把她锁起来。"

于是，我妈妈就把我锁在了宿舍里。

有一天，我犯了一个严重的错误。

当时集体宿舍都使用煤油炉，身边的人都告诉我："立宁，你不能乱动啊，可不能点火，这个炉子还没装安全阀，会着火的，千万不能点啊！"

大人们都说不能点火,这更激起了我的好奇心,等他们都走了以后,我就想:"点一下有什么了不起的!不行我再吹灭嘛。"那时我4岁,现在还记得非常清楚,我拿了一根很长的火柴,"唰啦"一下就点着了煤油炉,火苗突地蹿了起来,蹿得很高,把墙上挂着的一块抹布点着了,然后抹布上的火苗又把其他东西点着了。那个时候我慌极了,尤其还被反锁在宿舍里,幸好那是一层,尽管我才4岁,强烈的求生欲望驱使我从窗户爬了出来。

外面很多人在嚷:"着火了,着火了!"

火越烧越大,大人都跑了过来,我听见我妈妈哭得撕心裂肺的声音:"你让我进去,我闺女在里面呢!"

我妈被身边的人拽着,不让她往房间里冲。我从人群中挤过去,轻轻地拽了一下她的衣服。

"妈,我在这儿呢。"

她愣了一下,低头看着我,问:"怎么会着火的?"

"我点的。"

我从小就被妈妈教育要诚实,所以很坦诚,不会撒谎。我妈一个大巴掌就扇在我脸上了,直接把我打倒在地,她还用脚踹我,她真的是被气急了。

让我没想到的是,第二天妈妈就把我"卖"了。妈妈的同学梁阿姨来我家,给了我妈一沓钱,我妈就把我的行李收拾好,让我跟梁阿姨走。

我妈说:"以后你就跟着她生活,你管她叫妈妈。"

梁阿姨当时开了一辆212吉普车,我倒跪在座椅上,看着我妈面无表情地目送我,那一刻我心碎了。

到了梁阿姨家，走进房间，我第一次知道这个世界上还有毛绒玩具，第一次见到巧克力。然而再多的糖果和玩具也代替不了妈妈，晚上我趁阿姨和她丈夫睡着，偷偷溜出门往家跑。

内蒙古的冬天非常冷，当时雪下得很厚，我穿的是拖鞋，半路上鞋都跑丢了，只能忍着寒冷一路跑回家。

工厂的大门是铁的，我一路跑得手心出了汗，因手湿按在铁上是会被粘住的，我艰难地抓着铁门向上攀爬，每移动一次手都钻心地疼。不知尝试了几次，终于成功翻进了工厂院子。跑回我妈妈的房间时，她还没睡，房间里亮着灯。

我使劲拍门喊："妈妈，我回来了。"

我妈打开门看见我，又一个巴掌打下来，然后把我从外面拎进屋，讲了一句话。

她说："你傻呀！你放着好日子不过，跟着我遭罪。"

可是我听不进去，因为我被打以后很伤心，特别难过，我觉得我的世界都崩塌了。第二天我妈收拾行李，带我去大姨家住了好久。

那个时候的我不明白为什么。这件事在我 37 岁刚开始学心理咨询的时候，老师带着我们做演练，无论如何都要让我再次直面这个事件。

我跟老师讲了一句话："这是 4 岁时候的伤痛，到现在我快 40 岁了，我用了 30 多年的时间让它结痂，不那么痛了，你把它掀开，你告诉我，你拿什么缝合？"

那个老师就笑了，她的声音真的好温柔。

她看着我说："立宁，我们掀开那个伤疤不是为了缝合，甚至不是为了疗愈，是为了让你看见那个伤疤本身就不存在。"

她讲完这句话以后，我突然就有了勇气，真的觉得无所谓了，我去面对那个伤疤又如何。我想起梁阿姨，她是我妈的大学同学，我从她家跑掉后再也没见到她。我开始找妈妈的这位老同学，那时我妈妈已经去世了。

我费了很大力气，终于找到了梁阿姨的联系方式，并且得知她在上海。生活中有很多巧合是无法解释的，当时我正好接到总部的一个通知，派我去上海讲两天的亲子课。

到上海后，我给梁阿姨打了电话，接通后一个很柔和的声音说："你找谁呀？"

我说："梁阿姨，我是立宁啊！"

"啊？"听声音明显是没有记起我来。

我说："我是立宁啊，我是双英的女儿啊。"

我讲完这句话良久，电话里面都没有传来声音。

沉默了一会儿，她说："你怎么会打电话给我的？"

我说："我来上海了，我想看看您，阿姨，我想您了。"

她说："好呀好呀，我告诉你地址。"

到了梁阿姨家，我迫不及待地问她："我想问问您，当时我妈妈为什么会把我卖给您？"

她说："哪是卖给我的？我不能生育，你妈却连着生了四个小孩儿，从她怀着你的时候，就说如果生一个女孩，就让我抱走，跟着我会有好日子过。你生下来以后，所有婴儿用品我都准备好了。"

讲到这里，梁阿姨叹了口气，神情很复杂，停顿了一会儿，又接着说："但是你妈突然舍不得了，让我满月再把你抱走，满月的时候我和你叔叔又去接你，你妈再次推托说百天再抱，百天的时候我们又去接你，你妈说1岁再抱。就这样一直拖到你4岁。你爸爸妈妈离婚了，你妈一个人带着你，生活又特别艰难。那次，你把宿舍点着了火，才让你妈下定决心，因为她觉得自己照顾不好你，所以让我把你带走。"

"那你给我妈的钱不是用来买我的吗？"我颤着声音问。

"我给你妈那些钱是用来赔偿烧宿舍的钱，因为你妈给人家写了很多的欠条，有的是欠一床被子，有的是欠一个行李箱，有的是欠一个钟表，当时我看到你妈太艰难了，所以我拿钱给她，告诉她：'我知道你好强，你不想欠人家钱，你把这些钱还给人家吧，孩子我带走了。'可是你当天晚上就跑掉了，第二天早晨我发现你不在了，再追去你家，你俩都不见了。"

那一刻我深深地理解了我的妈妈，她要送我走，是因为她认为跟着梁阿姨有好日子过，有福享。但是妈妈不知道，虽然那里有毛绒玩具，有巧克力，可是那里没有我的亲娘啊！妈妈不懂心理，她也不懂作为孩子的我内心是如何想的，她觉得安顿好女儿的肉身是最重要的，她不知道女儿奔赴她的情感才是更重要的。

当我学习了心理学，懂得了同理和共情后，从我妈妈的角度重新看那个着火的事件，才知道那个时候的她有多着急！而我自动屏蔽了一些东西，只记得挨打。

当时，妈妈一巴掌打在我脸上，我想的是什么？我想的是：我没被烧死，九死一生逃出来，她却不表扬我，还打我，她根本就不爱我！

但是老师有另一双眼睛，她不断地问我："你听见妈妈在喊什么？"

我说："妈妈在喊'我闺女在里面呢'！"

老师让我不断地回忆这个场景，我才感受到妈妈的焦急、她打我的愤怒，我真的深深地同理了我妈，我透过心理辅导全像地看到了这件事。全像的概念是什么？就是全方位地看到了一件事情的面貌，不仅仅是以我自己的感受，更是以妈妈的角度、以梁阿姨的角度看待这件事，我深深地理解了我的妈妈。

从那以后，我开始更加深入地解读我的人生经历。

我更加了解，过去经历的怨恨和悲伤会形成我们当下的障碍，去除这些障碍，我们当下才能够真正地圆满和幸福。

只有放下怨恨和悲伤，才能从受害者的角色里跳脱出来。

妈妈给我的痛也成了我的智慧之种

——如何止息原生家庭的伤痛

悟母严为爱，感母坚为家，仍渴求温柔以待，不愿历尽沧桑方知母爱深似海。

我的妈妈值得我用几生几世去敬仰，可是打我骂我的伤痛，也伴随了我几十年，其中有两件事，让我铭记于心。

第一件事，记得小时候，我们家里最暖的地方就是火炉一米之内。内蒙古的冬天很冷，一到冬天家里半堵墙都是冰霜，那时妈妈微薄的工资买不起煤，不能把屋子烧暖，不到半夜火炉就熄灭了，脚冻得直抽筋，对当时的我来说一块煤就是天大的幸福了。

有一次，我无意中听见别人讲话，说工厂的土墙后面有一个火车道，是专门给厂子运煤的，火车开到土墙后面就会减速拐弯，很多人趁着减速的时机爬上火车，把大块的煤炭推下来，在火车加速之前跳车，用爬犁把煤炭拖回家。

我也学着他们的样子，提前等火车开过来，然后爬上火车，推下来一块好大的煤，没敢推第二块，我就赶紧跳车，非常开心地把它滚到爬犁旁边，费了好大劲才终于拖回家，放在厨房里。我怀着兴奋的心情等妈妈回来，她到家后，第一时间严肃地问我哪里来的煤，我炫耀似的把运煤的经过告诉了她，然后用等待夸奖的眼神看着她，没想到等来的却是一巴掌，直接把我打傻了。我呆呆地望着妈妈。

她站在我对面，一字一句地说道：“咱家穷到你去偷煤？！我宁可让你冻死，我也不让你做小偷，把这块煤给我推出去！”

当时我还看不到妈妈骨子里的那份正义，也没有看到妈妈在我生命底色里烙下的那个印，就是穷死也不能偷！我必须承认自己在人生低谷的时候有过很多陋举、很多不该做的事，虽是无奈但也做过。但我永远坚守人生的底线，那个人生的底线、原则和立场是妈妈给我的，是她用血淋淋的教训给我的。后来我从妈妈的角度重新审视这段经历，她在那么艰难的岁月里，独自带着我生活，坚守着道德的底线，所以我今天依旧会把正确的三观和道德底线讲给我的孩子，告诉她那是不可逾越的。

第二件事，在我 10 岁左右，妈妈有一天下班回家跟我讲了一句话。
她说：“我三个月以后要出差去上海。”
哎呀，我当时一听就要疯了。上海对于一个内蒙古牙克石出生的孩子来讲，就是天堂，那会儿我的心"扑通扑通"的，都要蹦出来了。
我说：“妈妈，你能不能带我去？”
因为三个月之后刚好赶上放暑假。
我妈说：“行，我能带你去，但是你要确保考 5 个 100 分。”
后来整整三个月，我全部精力都放在学习上，一举考了 6 个 100

分——三个月的月考语文、数学全拿到了满分，好高兴啊，终于可以去上海了。

临出发去上海的那天上午，我妈跟我说："立宁，把这个吃的给你奶奶送去，然后你背着书包到火车站跟我集合，车票我拿着。"

我蹦蹦跳跳地上我奶奶家送吃的去了，时间完全足够。在路上，有一只特别大的蓝色蝴蝶，长得那么漂亮，它一直飞，我就一直追，追着追着就跑到和我奶奶家相反的方向了，等我意识到后就拼命跑到我奶奶家，把吃的撂下，又飞跑到火车站。

我好不容易进站来到绿皮火车前，所有乘客都上车完毕了。我妈妈站在车厢门口的台阶上，注视着我跑过来。

我真的是快要累吐血了，我剧烈地喘着气，对妈妈说："妈，我到了。"

妈妈说："站那儿别动。"

我站在车厢前，原地喘息着。

妈妈说："看看几点了。"

我一年级时就有了一块塑料小手表，低头一看，迟到了整整5分钟，但是火车还没开呀，我也算赶到了，一切还来得及。

但是我妈妈就站在那儿跟我说："看一下几点了，我让你几点到这里的？"

我告诉妈妈时间，她问："你为什么迟到了？"

我吭哧了一会儿，只是说："我就是迟到了。"

我妈妈说："迟到了就不要去了。"

这时，列车员站在月台上说："还有时间的，把孩子拉上去吧，你看孩子累得都快吐了，跑得脸通红的。"

我妈妈瞥了她一眼说："我在教育我家孩子，你不要插嘴。"

那个列车员听后不说话了。

我站在那里，手足无措。

我央求道："妈，我求求你了，让我上去，我知道错了，我再也不迟到了，我知道错了！"

我一边认错，眼泪一边哗哗地往下掉，我真的急得不得了，好想直接冲上车去，但是根本不敢。

我妈从兜里把车票掏出来，长长的纸质版中间打一个豁口的那种车票，我妈"唰"地就撕成两半扔到月台上。就那么高要求，就那么狠的娘。

她还是那句话："站着别动。"

我站在那里，很快，列车员开始吹哨。

列车员对我妈说："关门了，你让孩子上去吧。"

我妈说："你上来吧，别管我家的事儿。"

那个列车员无奈地摇了摇头，上车把踏板拉起来，然后门就关上了。

我站在月台上，眼泪哗哗地淌，看见我妈表情严肃地站在车厢里。火车"咣当"动了一下，我的心也动了一下，火车动一下我的心就往下坠一分。

终于，火车缓缓开走了，直至从我泪眼模糊的视线里彻底消失。

我在月台上打着滚儿地哭，不知道哭了多长时间，才起来抹抹眼泪，当时的我默默地跟自己说，此生不再去上海，真的太难受了。

这件事同样造就我一个做人的品质，那就是尊重时间像尊重生命一样，这就是伤痛换来的价值。很多年后我才突然发现，那个伤痛背后里有我妈的坚持，有我妈的原则和立场。**伤痛背后也有礼物，一个成年人不应该陷在受害者身份里无法自拔，成年人应该读懂伤痛背后的价值。**

在这两段经历中，妈妈只是在培养女儿良好的品格和高尚的道德修养，她希望优秀的品质能成为孩子生命的底色。然而，妈妈可能未曾意识到，生命中最不可或缺的底色其实是情感，是父母温暖的爱。那一刻，仿佛将我和妈妈之间所有的爱都撕裂了，而我不过只是犯了一个错误而已。

前几天，一位朋友还与我探讨了一个问题，她说："老师，我发现你对自己的要求特别高，你觉得这样高的自我要求究竟是好事还是坏事呢？"

我说："如果用得恰当，它就是好的；如果能够达到平衡，它也是好的。"

这个特质是别人所不具备的，我会一直坚守，它已经成为我生命中的一部分。所以，即使身处原生家庭的阴霾和伤痛里，也可以试着去寻找那颗智慧的种子，将它放在泥土里，用自己如今所拥有的温暖、包容和满满的爱意去培育它，让它能够生根发芽，并茁壮生长。我曾经或多或少还沉溺在原生家庭的迷雾与伤痛之中，但如果40岁的我、50岁的我，还陷在原生家庭的受害情绪里，只能证明我没长大。

现在的我能够看清事实真相，那个真相是："妈妈对我的爱只是用了一个错误的方式，但是她竭尽全力在打造我一个个良好的品格。"回忆起来，妈妈站在列车上，透过脏脏的玻璃，我依旧能看见她那么严肃、那么"可恶"的脸。但是，我却明白了她的原则和立场，我坦然接纳，因为我没有理由喝着井水却嫌弃井水黄。

如果今天一切重演，我的孩子同样迟到了，当她向我奔跑过来的时候，我一定从那个高高的台阶上走下去，把我的孩子抱起来，擦干她的汗，告诉她："快点上来，妈妈急坏了，看把你累的，好在终于赶上了。"

等她安全了，喘息平稳了，我会引导她："要是再晚两分钟就赶不上了，宝贝，你告诉我，要是赶不上了你会怎样？"

"那我可能会打着滚儿地哭。"

"所以啊，下次记得早一点，不要迟到。"

就这样而已，同样能让她知道遵守时间、遵守规则，却不给她带来伤害。这才是爱应该有的样子，学会去爱就是要懂得爱与被爱的智慧。

03

我如此有"老人缘"的背后是我一生的遗憾

——如何放下对父母爱和恨的纠缠

孝子之至，莫大乎尊亲。哀哀父母，生我劬劳。及时行孝，无待来日。

还记得和妈妈最激烈的一次争吵。

妈妈说："你滚出去，我不要你了，我没有你这样的孩子。"

当时我也很生气："你以为我不想离开吗？你别急，等到18岁，我就会离开你，这一辈子我都不想再见你了！"

结果不久后，妈妈真的就去世了，真的不必再相见了！那一年成为我人生当中最无助的一年。她去世的那一天，我站在我们家的院子里，觉得我身体里的某一部分东西被偷走了，那个不是痛，是"空"。

我哭了很久很久，心里不断地想：妈妈，你为什么不要我了？为什么抛弃我了？为什么自己走了，留下我一个人在这个世上？为什么让我承受没有妈妈的痛苦！

我妈是一个非常强悍的母亲，作为子女和她在情感上的照拂和交流极少，所以突然有一天她从这个世界上消失了，我不是歇斯底里的痛苦，而是不能接纳和面对这样一个事实——还没有来得及做什么妈妈就走了，好像都没有一个温暖的怀抱，或者我给妈妈一个思想和情感上的反哺，我永远没有这样的机会了。

后来，我带着女儿跪在妈妈的墓碑前，一句话忽然掠过脑海："坟前号啕者，多是不孝人。"

"妈妈，我现在知道了，原来那些伤害的背后，竟是你对我那么深的爱！"讲完这句话，我哭到崩溃。

女儿一直陪着我，回家的路上，她跟我说："妈，我现在明白了，你不知道怎么爱我，是因为姥姥也不知道怎么爱你。今天你知道了，我也知道了，我们以后好好过日子，再也不要伤害彼此了，好吗？但是也请你不要责怪姥姥，因为可能姥姥的妈妈也不懂怎么疼爱她。"

我紧紧抱住女儿，泪水再次滑落。是啊，爱的传承并非总是顺畅无阻，它有时会被误解、被忽视，甚至带来伤痛。但正是这些经历，让我们学会了珍惜，学会了理解。

我对女儿说："你说得对，我们不能让过去的伤痛继续影响我们的未来。我们要用爱去治愈，去包容，去温暖彼此。你姥姥虽然不在了，但她对我们的爱，一直都在。我们会带着这份爱，继续前行。让我们一起努力，成为更好的自己，也成为更好的母女。"

后来我的老人缘特别好，我喜欢所有朋友的父母，朋友的父母通常也都特别喜欢我。

我有一个特别好的朋友，她经常会说："我有时候都恍神，不知道到底谁是我爸我妈生的，他俩向着你比向着我的地方多，为什么？"

因为我曾经的那份失落、那份失去，那份到最终也没有联结母亲能量的遗憾，使得我只好在其他老人身上投射我的爱。我去朋友家，会跟他们的妈妈聊天，拉着她们的手，她们有什么想法我会马上满足，很多朋友都说"王立宁一来我家，我妈就笑开花"。但恰恰是我亲生的母亲没有被女儿这样照顾过，没有被女儿这样包容过，也没有被女儿这样用情感去孝养过，所以我只能投射给其他人的父母。

记得有一次在母亲节的时候，我写了一篇日记，记忆里最深刻的一段文字是这样的：

固然今天我知道了妈妈所有的严厉也是爱，固然今天我知道了妈妈的坚强是对这个家最好的支撑，但是我依旧想要一份春风化雨的情感联结，依旧不想要我走过千山万水才读懂那份爱的真相，不要我见过了那么多世间的凄凉才发现你是真的爱我的。

可能很多人都有过类似的经历，困在原生家庭的伤害里痛苦半生，却没有机会去了解那个曾经打骂吼叫的妈妈是爱自己的。很多时候，我们很努力地想要去读懂父母的心，却总在误解与隔阂中徘徊。岁月匆匆，当我们逐渐长大，开始在社会中摸爬滚打，经历了人情冷暖，才恍然明白，原来那份看似严厉甚至有些粗暴的爱，背后藏着的是无尽的期望与深沉的关怀。我们曾经抱怨过、反抗过，但当我们真正懂得那份爱时，或许已物是人非，只能在心中默默感激与怀念。因此，珍惜与父母相处的每一刻，用心去体会那份不易察觉的爱，别让误解成为遗憾。

04

妈妈不让我滑冰，我以为都是她的错

——三步净化原生家庭，化解"原生家庭之痛"

知父母心，明自身责，化怨为恩，莲花自开。

我想分享一个我曾用来化解原生家庭痛苦的方法。想一件你被父母伤害的事，试试如下三个步骤，可以化解你和原生家庭之间的对立，包括"你是受害者"的这个情结。

第一步叫拉长轴线。我小的时候喜欢滑冰，可是我妈不同意，说女孩子滑冰受寒，将来身体会受损害，所以也不给我买新冰鞋，导致我的一双冰鞋穿了两年。小孩子脚长得快，穿小号鞋挤得脚趾嵌甲，至今我还需要时常去修脚。

以前我总想着："天哪，如果我妈当时让我滑冰的话，我就不会这样了。"

后来我学了心理学，开始懂得拉长轴线，就看到妈妈坚决反对我滑冰的原因是"之前我经常以生理期肚子疼为借口不上学"，她觉得我是寒凉体质，所以不能滑冰，也坚决不给我买新冰鞋。但冷静想想，我为什么一定要选择违逆妈妈，还必须选择穿着一双不合脚的冰鞋偷偷地去滑冰呢？

这是我自己的选择，而且那个时候我还有零花钱，稍微攒攒就能买双新冰鞋。但我自己非要拧，拧到脚趾盖儿都扎到肉里，最终造成嵌甲的结果。

小时候的我没有今天这样的逻辑思维去分析当时自己"受害"的原因，但是当下，我有能力好好地去反思一下当时自己做了什么，也就理解妈妈的用心了。

第二步叫还原真相。上文谈到滑冰这件事情对我造成的伤害，如果断章取义来讲，事情就是这样的：

我喜欢滑冰，总觉得在冰上飞舞的样子是我人生最自由的时刻，可是妈妈死活都不肯给我买一双冰鞋，一双冰鞋当时18元而已，家里也不是没有钱，她就是舍不得给我买。我只能忍痛穿着一双小小的冰鞋，挤得整个脚滑完冰以后都肿起来。

这样看是不是我好可怜？妈妈爱我还是不爱我？一定是不爱。她如果爱我，怎么会连双冰鞋都不买给我？她如果爱我，怎么会不支持我做自己喜欢的事？

但是事实上"妈妈不爱我"根本就不是真相，妈妈在用她的方式爱我，而且这个方式通常是我表达给她的，所以妈妈以为自己的方式是对的。妈妈以为保护我不受凉就是爱，妈妈以为我年纪小，不懂得爱惜身体，她作为过来人，必须保护好女儿的身体。所以真相就是：

妈妈为了保护女儿的身体，尽管她哭，她闹，她顶撞，她叛逆，却始终坚持用自己的方式爱她。

有的时候我就在想，原生家庭和我们的关系是什么？父母把我们养大，没有一个原生家庭是没有问题的，但是我们长大的标志就是我们看见并理解这一切。

第三步叫负责任。为什么要还原事实的真相？因为很多时候我们看到的只是事件的一个方面，而非全貌。

我的一个发小给我打过一个电话，说："哎哟，你现在好有成就啊，我真的很羡慕你，你看你妈多负责任，教了你那么多东西，从小给你奠定了今天优秀的基础。"

"可是我妈也打我呀，从小你都没有挨过打呀，妈妈因为要教我道理，打了我多少次。"

说到这儿，朋友就讲了一句话："如果还能有选择，我宁可小的时候挨我妈妈的打，我也希望她多教我一些。"

天哪，听到这句话，我的眼泪当时就掉下来了，我们欠原生家庭一个公道，我们欠父母一个公道。今天很多人总说"都是原生家庭的错，都是原生家庭的祸"，这是失之偏颇的。无论是精神分析、人本主义，还是行为学，没有一个流派，也没有一个圣人讲过你改变不了自己的命运。我们总是抱怨原生家庭，然而父母给了孩子那么多东西，有消极的，也有积极的，孩子终其一生是原生家庭的产物，我们却常常选择记住原生家庭里有缺失的那一部分。所以，第三步负责任的概念到底是什么？是自己的原生家庭即便再腐败不堪，也要从中吸取营养开出最美的莲花，因为我是我自己，我升级我的原生家庭，我选择不了做什么人的后代，我能选择做怎样的祖先。

05

"离家出走" 20 多年，
才渐渐读懂父亲的那份爱

—— 如何在原生家庭中看见爱，获得智慧

离家的叛逆，终悟家的温暖；父爱的沉默，却是最深的牵挂。

我 7 岁那年，父母为了给孩子们一个完整的家，选择了复婚。妈妈带着我回到了原来的家，和爸爸、奶奶、一个哥哥和三个姐姐一起生活。我青春期的时候是最看不起爸爸的，印象特别深的是我们小朋友一起上学，我特别害怕碰到我爸去买香瓜。过去卖瓜的人都是用三轮车载着满满一车斗的香瓜在路边叫卖，我爸挑香瓜就像干一件宏伟的事业，非常认真。

那个时候的我特别害怕同学们用嘲笑的眼神看着我，说："你爸又来挑瓜了。"

为什么这么说？我爸爸挑瓜，会把瓜拿起来捏一捏，弹一弹，然后还听一听，也不知道他在听什么，这个不好放回去再拿起来一个，不好再放回去，连续挑好几个才选一个放在筐里。

卖瓜老头儿很愤怒，给我爸甩脸子，斥道："你把我这一车瓜都折腾熟了，你买不买？不买就算了。"

我爸每次都笑，笑得一点脾气都没有。那个时候我厌倦极了爸爸这样的生命状态，觉得他没有一点血性和骨气，他就知道过平凡人的这点日子，没有任何高大雄伟的感觉，也从来没有给过我可以像山一样依靠的感受。这个观念是从哪里来的？主要是从妈妈那里来的，我爸妈两个人的婚姻是我奶奶和我姥姥包办的，他们在被撮合到一起以后，我爸爸一直是接纳我妈妈的，可是妈妈一直没有接纳爸爸，她觉得爸爸不是她想象中的样子，觉得爸爸不够有爆发力，不像英雄一样有男人气概，他们就这样折腾着过了半辈子。

在我的原生家庭里，我妈是一个非常能干的人，是一个女强人。我爸是一个两点一线的老实人，工厂里的技术工。他从学徒干成师父，踏踏实实做他的技术，踏踏实实教他的徒弟，他的生命一直处变不惊。但是你知道青春期时候的我对爸爸的看法是什么吗？我对爸爸的评判心特别重，觉得他胸无大志，没给过我任何力量，他每天干的都是些鸡毛蒜皮的事：买葡萄，买香瓜，买苹果，就知道吃，没有什么远大的理想，一辈子都不可能成为英雄。

我妈妈也一直在跟我讲："别指着你爸，他啥也不行，指着他黄花菜都凉了。"

这样的话语不停地在我的脑海中形成错误的认知，这个认知就是："男人啊，没有什么大用。"我一直不觉得爸爸在家庭里很重要，我一直是这样思考的。

后来，妈妈去世，我跟爸爸讲："我妈妈不在了，我不要待在这个家了，我要出去闯世界。"

爸爸说："行，有本事就出去吧。"

那一刻，我背着行李选择了离家出走，那一年，我14岁。离开家的时候，我不知道自己那一刻的任性和自以为是给我的家人带来了多大的伤害，我自己在外面风风雨雨的二十几年，一直觉得自己没有家，没有拥有过家人的爱，一直忽略我对家的期盼，也一直忽略那个家对我的等待。

直到有一天，我的女儿叛逆了，我协助孩子做了很多的心理疗愈。

我女儿在咨询室里大声地喊着："我根本就没有过家，我不回家，我没有家！"

这句话深深地刺痛了我。

我说："我知道自己复制给孩子什么了，我也没有家呀。"

直到我选择回家的时候，才知道是我自己选择了让自己流浪。我记得特别清楚，二十几年以后，我再次回家，爸爸正在屋里坐着。

我进去跟爸爸说："爸，我回来了。"

我爸是个很温和的人，但当时他非常生气，看到我回来，特别大声地喊："怎么才回来啊！都初三了，不说小年儿回来吗？"

我当时就愣了，那天的确是还没到小年儿。

我哥跟我眨了一下眼睛，说："知道你小年儿要回来了，爸一天撕两遍日历。"

我爸有个日历板放在墙上，他早晨撕一遍，晚上撕一遍，都撕到初三了。我坐下看着爸爸，因为我懂了，那是爸爸等我的一份焦急的心，所以他穿越到初三了。

我对他说："爸，我没骗你，今天真的是小年儿。"

他说："嗯，坐着飞机回来骗我。"

我说："我没坐飞机，我坐火车回来的。"

我爸笑了，说："你看还骗我，只有一趟火车是从北京回来的，是上午的，下午没有火车。"

我说："我真的是坐火车回来的。"

我爸说："你不相信是吧！"

他从枕头底下"嗖"地拿出来一张列车时刻表，很破旧的一张列车时刻表。

他递给我，然后说："你自个儿看，是不是只有上午一趟？"

我拿起来一看，果然是只有上午一趟。再翻过来一看，是1990年版的，我突然就明白了，我是1990年离开的家。我走了多久，那个列车时刻表就陪了他多久，我不知道他翻了多少次，也不知道他多少次都在期待着我坐上午的火车回来，那一刻我才知道我远离爱太久了。

我扑在爸爸的腿上一直哭，说："爸，我不知道你在等我回家。"

我爸摸着我的头跟我说："哎呀，没事啊，别哭了，以前让你妈打成那死样子都不哭，怎么这次回来看着谁跟谁哭。"

我爸就是这样的性格，每次离开他，他都不会像别人一样嘱咐，哭啊，舍不得呀，他都不会，他只会躺在那里淡淡地说："走吧。"

我问我爸："你告诉我，你想不想我？"

他说："我不想，你哥对我可好了。"

我说："你再说一遍，你想不想我？"

他说："我不想，你姐她们都可孝顺了。"

我就不问了，因为我也失望了，只能说："那以后你想我就给我打电话。"

我爸说："那我还能天天给你打电话啊。"

那会儿我也终于懂了，父亲从来不表达，但他天天都在想我。

06

长大后才真正看见父亲的好

——如何协调家庭里的能量，让彼此和谐相融

家之温暖，源于父之慈爱包容，如春风化雨，滋养心田，让子女在欢笑与泪水中铭记美好；而母之严苛要求，虽望子成龙，却易筑高墙，隔阂难消。家需有爱，有接纳，方能成为心灵港湾，让生活充满滋味，日子方能过得有声有色。

我爸爸老了以后，是一个超级受欢迎的老头儿。其实我仔细回顾爸爸的晚年生活，他情绪的稳定性和接纳度，给我们子女留下了太多美好的回忆，就是到今天爸爸走了将近四年的时间，我们儿女回忆起来的时候，还都是又笑又哭的。

我哥跟我们讲过一件爸爸有意思的事。

我哥是一个高控型的人，有点缺乏安全感，一定要看见我爸心里才踏实，中午我爸在屋里把门关上，然后回去躺好。我哥发现了，起身把门打开，这样坐在客厅就能看见屋里，结果发现他躺一会儿就起来把门又关上了，一中午他们俩就折腾那个门。

最后我爸忍不住，从屋里走出来，靠着门框喊我哥："哎！"

我哥抬头说："咋了爸？"

"你去把老刘家那木匠给我找来。"

"干啥呀？"

"你让他带着工具把这门卸了，这门不让关，你要它干吗呀？"

我哥就哈哈地乐，乐完以后，突然发现爸爸可能想有一个自己的空间。但是他不会唠叨，不会训斥，不会抗议，反而会用很温和的语言和态度去表达自己的需求，所以我爸到晚年的时候，几个儿女都抢他，都希望他能住到自己家里。

有一次在我二姐家，我们几个一起陪着他吃饭，我爸拿起包子咬了一口，一不小心包子馅儿掉了，他拿着包子皮儿跟我二姐说："我包子馅儿掉了。"

我二姐说："没事儿，爸，掉它的吧。"

我爸继续转向我哥说："我包子馅儿掉了。"

我哥说："掉了就掉了吧，没事儿爸，一会儿我擦地。"

我爸又转向我二姐说："我包子馅儿掉了。"

她看着我爸说："掉就掉呗，那玩意儿你怕它干啥？弄衣服上了吗？一会儿我给你洗。"

我爸把包子皮儿重重地放在那个碗里，说："我能不吃这个皮儿吗？"

我们几个哈哈大笑，然后我们就跟他说："能，再给爸拿个包子。"

很多时候他的表达都不会让你不舒服。我爸走了以后，这么多年的聚会，就都谈我爸、我奶，以及他们老了以后那些趣事，但谈到我妈妈的时候，不得不说，很多记忆都是相对来讲比较受伤或者撕裂的，比如说我姐经常会提起来，小的时候妈妈嫌她笨；我哥就经常会提起来，小的时候妈妈嫌他学习差。

相对我爸，我妈的接纳度就比较低，她的要求比较高，她在世的时候，所有人在我妈面前讲话都是汇报型的。

工作了的姐姐会跟我妈说："我最近一段时间工作挺好的，领导也挺赏识我的，过段时间可能有机会升职。"

还在上学的姐姐就说："大专和大本考不上，但中专一定能考上的。"

我妈出差回来了，我们面对我妈都讲一句话："这两天有认真学习（上班），每天都是准时去的。"

但是我们跟爸爸讲话，多数都是"我最近吃香瓜了，我最近吃苹果了"。

记得我们小的时候跑回家见到爸爸，他看见我们就小声地说："回来了。"

我们齐声回答："回来啦！"

我爸就用眼神使劲瞥着豆角架说："下面有苹果、橘子。"有时候也冲着水缸说："冰的西红柿，都去吃。"

我们跑过去，还没等吃呢，我妈就出现了，说："写完作业再吃。"我们马上变得拘谨起来。

谈到家庭的能量，我就想起一句话叫"投之以桃，报之以李"。就是你用什么样的能量对我，我就会反过来用什么样的能量对你，所以我妈到最后也没有得到太多子女情感上的关爱，我们彼此在情感上的照应和交流都很少。但和爸爸就不一样，他是温和、包容、接纳的，所以家里一定要至少有一个人具备这样的能量，如果两个人都是当然更好。至少有一个人，能让孩子们感受到生活的美好，能感受到被全然地接纳和包容，能感受到一家人在一起。其实日子是什么，柴米油盐酱醋茶、日出日落、有打有闹，嬉笑之间，日子就有滋味。

07

父亲的那句话让我感到被深深地认同

——看见孩子，他们的生命便会不一样

因材施教，顺木之天，以致其性焉尔；父母之爱，贵在认同，方能使其生命之花绚烂绽放。

有很多孩子特别聪明，但他就是不喜欢学习，他的聪明都用在别的地方了。我们的教育动作都做对了，比如该辅导也辅导了，该陪伴也陪伴了，该给予的教育资源也给予了，但是孩子就是学习成绩不够好，怎么办呢？——让孩子做他自己。

谈谈我自己的亲身经历。在一个婚礼现场，我爸爸带着我，爸爸的同事带着他的小孩，那个小孩是个学霸，两个大人一边观礼一边聊天。

那个叔叔说："哎哟，你们这孩子多机灵啊，你看，往这儿一坐，给这个倒茶，跟那个说话，我们这个孩子啥也不会，就是个书呆子。"

我爸就说："哎哟，你们孩子好好学习，将来考清华、考北大，我这孩子也饿不死，她有能力养活自己。"

这个能量是对的，那个叔叔知道自己的孩子是学习的料，我爸爸

·1· 觉察：理解父母，看见自己，读懂孩子

知道我就不是学习的料。

我爸当时还讲了一句话："我特别想让我的孩子当老师。"

当然后来命运的轨迹没有让我爸爸实现夙愿。又过了些年，我走向了家庭教育。记得我的第一堂课讲完，别人喊我王老师，我一瞬间不知道在叫谁。当我明白是在喊我时，内心忽然涌起一阵感动。因为爸爸的心愿在我这里真的实现了，我从一个商人变成了一个老师。

于是课后我给爸爸打电话。

我说："爸。"

爸爸说："咋了，闺女，忽然打电话。"

我说："我现在做老师了。"

爸爸笑了："你教人怎么淘气呀？"

我说："不是，我教人家不打架，教人家孩子和父母不打架。"

我爸忽然声音有点哽咽，说："你还教人家怎么不和父母打架，你那时候跟你妈打的呀，人仰马翻的，不过也是，你知道为啥跟你妈打架，你现在就能教人家怎么不跟妈妈打架。"

我说："是啊，爸，我现在就教这个的。爸，你说我教得好不好？"

爸爸说："好，你干啥都好。"

我们的生命在被父母认同和允许的那一刻才有可能绽放。我们以往的教育，很多时候是和教育的目的背道而驰的，父母在孩子12岁以后，管教方法和方式往往会更加严厉和生硬。但事实上，如果前面的功课做到位了，这个时期反而应该释放孩子的自由和天性，从你培养他朝着你成就他的方向过渡。切记，你可以努力的方向，是让他生命的底色更加完整、更加丰富饱满，而如何调色和挥毫泼墨是他自己的事情。

08

父爱如水，云淡归于静

——如何通过原生家庭习得爱的智慧

父爱深沉隐不言，候鸟归乡情更牵。悟透幸福需慧眼，知足常乐享当前。

后来在北京，我和爸爸相处了一段时间，我们都过得很开心。

那一年夏天的时候，我爸突然跟我说："你把我送回老家，我就过候鸟式的生活，夏天我害怕空调，老家凉快，我就回老家跟你哥生活；冬天我怕冷，就让你哥再把我送回来，我再跟你一起生活。"

因为他说冬天还回来，所以我答应送他回老家。我们睡在卧铺车两个面对面的下铺，我发现他不对劲。他躺在那里，手指头一点一点的，对着上面的铺板偷偷地笑，就像一个干坏事的小孩一样。

我说："爸，你琢磨啥呢？"

我爸笑出声了，说："你小的时候总骗我，这一次我把你给骗了。"

我说："你骗我啥了？"

他说："这次我回去再也不会回北京了，但我如果跟你说我不回来了，你一定不送我，回去把我衣服寄过来吧，我再也不回北京了，我回老家了。"

我说："为什么呀？"

他说："我害怕死到外头。"

我说："没事儿啊，到时候我把你装小盒里再运回来，你不用怕。"

我爸看着我说："人家说死到外头不好，这么老远，我要是在北京没了，你妈找不着我了啊！"

我当时听我爸讲这句话的时候，突然之间整个人被击中了。

我慢慢地凑到我爸跟前，拉着他的手，说："爸，你是不是特别爱我妈？"

我爸说：**"我不知道什么是爱，她折腾了我半辈子，我不恨她，她走了半辈子，我不忘她。"**

那个不知道什么是爱的男人，那个没有浪漫鲜花的男人，却给了我妈妈可能很多人一生都想追求的一份从来没有改变过的爱，深沉而长久。

那一刻，我好想跟在天堂的妈妈讲一句："妈妈，你知不知道你一不小心错过了这个世间最踏实、最朴实无华的爱。"

那一刻，我突然看懂了，如果我们要拥有幸福，一定要拥有一双发现幸福的眼睛和一颗懂得知足的心，安在当下。

最后爸爸离开的时候，我们所有的子女都在他身边，所有的孙辈儿也都在他身边，我印象特别深，好洁白的床单，爸爸躺在那里，我们没有做任何多余的施救，因为爸爸就是器官自然老化了。

爸爸的最后一程，我们都在送他，家人一个都不少地围着他，阳光从窗子外面打进来，我看见爸爸的脸上像桃子一样，每根汗毛都在闪闪发光，我突然觉得他好像精灵，脸粉粉的。他看着我们每一个孩子。

那一会儿我靠上前问他："爸爸你是不是累了？"

他点点头，我说："那你靠一会儿。"

我慢慢地把爸爸扶起来，那一刻我能明显感觉到他的生命慢慢地离开了他的肉体，我想那一刻是最完美的，他走完了他人生的旅程。而他真的离开了吗？没有啊，只要我们还在，我们的身体里流着他的血液，他怎么走得了呢？我们在，他的爱就在，我的孩子也会一代一代这样传承这份爱。

记得爸爸还在的时候，最后腿脚不是特别好了，我们推着轮椅到香瓜车那里，让爸爸挑香瓜给我们吃，为什么？因为他的那份细致、他的那份耐心，撑起了我们童年所有的温暖，他满足了我们童年所有爱的滋养。

爸爸去世大概两年后，我给姐姐打电话。

我问我姐："秋天了，你有没有买香瓜吃啊？"

我姐当时就哽咽了，她在电话里哭着说："立宁你知道吗？从爸走了，我再也没吃过那么香甜的瓜。"

那一刻我才发现，不仅父母会对孩子进行评判，是否按照自己期望的样子去生活，孩子同样如此。所有的评判都会让你陷入一种求而不得的痛苦，让你忽略了本来拥有的爱。

很多时候，我们接受了父母给予我们的爱，却常常因为得不到自己期望的爱而懊恼。或许爸爸无法向我展现惊天动地的生命状态，但他给予我的却是温柔如水、细水长流的长久滋养。

对于那些求而不得的爱，我们总是执着追求，而对于那些已经拥有却未曾在意的爱，我们往往轻易错过。我们在生活中不知不觉地错过了太多原生家庭已给予的生命的托举，**我们都想自己的爸爸应该是什么样的，妈妈应该是什么样的，却忽略了应该回顾过去那些曾经被我们忽略了的爱本来就有的模样。**

直到后来我成长了，才发现爸爸的爱就像是不争的阳光、空气和土壤，它始终都存在，离开它五分钟就会窒息，尽管它永远显得不那么重要。后来我真的发现，爸爸的存在才是我们家里所有人情感的那份温柔底色。

在我爸爸离开的第二个父亲节，我写了一篇悼文。

悼文里有这样一段描述："没有见过你激情似火的情绪状态，没有见过你悲伤的样子，但是今天在你离开两年以后，我突然发现思念你的时候居然没有痛，思念你的时候没有那些激烈情绪的跌宕起伏，但是永远都有那一份不火不冰、温温的、从容的联结。"

那份联结就是父亲给我的最好的状态，谢谢爸爸那半生的安好。

在岁月的长河中，我们的父母终究会老去，终究会离开，他们带走了伤痛，却永远留下了爱。可是，**我们似乎从来没有看懂这份爱，那些因父母不当教育而留下的伤痛，其实都是我们自己的选择。重点是我们选择记住了什么，遗忘了什么。**当我们愿意选择看见父母华发如雪，当我们愿意选择看见父母走过的那些荆棘坎坷，当我们愿意选择看见父母只为我们产生的那些担心焦虑，当我们愿意选择看见如果没有原生家庭我们根本就不会有如此鲜活的生命和精彩的人生……

原生家庭到底哪里有错？只是我们选择记住了错，而遗忘了其中或多或少的那份爱。**当我们愿意选择看见爱，爱原本就在，从未离开；伤痛是假的，不过是我们选择逃避、选择不负责任的一个借口罢了！**

人真正的长大，是为自己选择的遗忘和记住负责任。用身心合一的智慧和爱去滋养我们年迈的父母，他们就是我们的未来，我们的未来就是他们当下的样子。

如果我们能看清真相，我们和他们本就是一体的。父母不过就是一对永远爱我们却不知道如何去爱的人，一对始终努力着却依旧没有达到我们要求的人。

原生家庭是我们学习被爱的能力的重要场所，而次生家庭则是作为父母向孩子展现和传递爱的能力的舞台。爱，是人类永恒探寻和思索的话题，它到底是什么或者不是什么？在我看来，爱就是爱，别无他解才是爱！

09

"大年三十的那顿饺子"，我重新看见了孩子

—— 理解、共情，成为不伤人的父母

亲子之间，贵在理解，误在不通，伤在妄断，爱需流通，方能和谐。

我想讲一个故事，这个故事在我的教育案例里特别经典，一个真相居然经过了12年才被还原。那一年我女儿17岁，有一天我练习倾听的时候，找我女儿坐下聊天儿。

我跟她说："宝贝，过去在咱们两个相处的过程中，有什么让你记忆犹新，妈妈让你非常伤心的事吗？"

她说："不想讲了，讲也没有用。"突然她又反问我一句，"妈，有什么事是让你特别伤心的吗？"

我说："还真有，我记得你很小的时候，四五岁的样子，我有一次出差去承德，那一次你真的让我伤透心了。"

她说："什么事啊？"

我就开始跟她讲这件事，那个时候我是做糖酒批发生意的，批发

行业在小年之前是最好的时机，原本小年之前就应该发好所有的货，结果因为下雪，铁路停运，有一车皮 1200 件的白酒没有送来。更倒霉的是大车司机已经放假回家了。

我跟助理说："这个平头载的大货车，我也开过，但是没有开过长途，这样，我试着开一圈儿，如果开得没问题，我们就开车从秦皇岛到承德，把这 1200 件白酒拉回来。"

我的助理当时吓坏了，蜷着副驾驶的扶手一直不敢松手，我勉强地把大车开走了。临行前我给家里打电话，女儿接的，我跟她说："宝贝啊，妈妈可能过节不能在家了，我要出去拉酒回来，酒拉回来给人家送完了，大概要初一能回家，所以年三十的团圆饭妈不回家吃了。"

我女儿说："好的，我知道了。"

但当时我不知道的是，才四五岁的她根本分不清三十和初一，只知道妈妈晚点就回来了。

车子开到承德的时候，不敢开太高的暖风，因为车内太热人就容易犯困，夜里爬坡十八弯，重车装满酒下陡坡，还在下雪。我开车开得很紧张，整个人累得都要崩溃了。三十晚上吃团圆饭，万家灯火放鞭炮，突然之间我觉得很悲凉，自己一个女人此时应该在温暖的家里，吃着团圆饭，看着春节联欢晚会才对，为什么要奔波在大山里。

就在这个时候，闺女给我打电话过来，那个时候还是大哥大，我一只手扶方向盘，一只手拿着大哥大。

我说："怎么了闺女？"

她说："妈妈你什么时候回家？"

我说："我不是跟你说了吗？我今天不回家，我明天才回家。"

她说："妈妈，你能不能快一点回家？"

我跟她说:"妈妈不能,妈妈在外面开车呢,我挂了啊,听话。"说完我就挂掉了电话。

这时我并没有生气,往前继续开,开到路况不好,我最紧张的时候电话又响了,我一看又是家里,但是不接还不行,我就接了电话,打电话的还是我女儿。

女儿这次情绪有点崩溃:"你到底回不回家,你还回不回家?都过年了,你为什么不回家?"

我跟她说:"我跟你讲过多少遍了,我出来拉货,我没有办法回家,你不要再给我打电话了,听见了吗?"我把电话又挂断了。

不到三分钟,电话又一次响了,这个时候我的情绪就已经到达了顶点。

电话接通了以后,她就跟我说:"坏妈妈,你到底回不回家?"

我说:"你身边都有谁?"

她说:"我奶奶、我爸、我小叔他们都在,我爷爷也在。"

我说:"你把电话放免提。"等了一会儿,我接着说:"你们怎么回事儿,一家五口人看不住一个孩子是吗?我在悬崖上开车,你们知不知道?你们不出来帮我就算了,你们连个孩子都看不好吗?让她一遍一遍地给我打电话,我一不小心掉进悬崖摔死,你们都开心了!"

我把电话往后一扔,一边哭一边开车,觉得好伤心啊,好久才平复情绪。把货卸好已经是初一上午10点多了,我拖着疲惫的身躯回家,刚一开门,就看见我女儿站在沙发上。

她掐着腰,扎了一脑袋小辫儿,对着我说:"你这个坏女人,你不要回来了,这个家没有人要你了,没有人喜欢你。"

我扭头摔门而去,只听见孩子在里头号啕大哭。出电梯我眼泪啪嗒啪嗒地掉在地上，一直到初五我就在公司自己待着，根本没有人来找我，她爸也不来，她奶奶也不来，她小叔也不来。我为这个家付出那么多，没有人在这一刻来找我，我不知道他们在家吃什么，但是我在公司只能吃方便面。

当我一边哭一边把这个故事讲给我17岁的女儿听，她就静静地看着我，在对面递给我抽纸，我一抬头，发现她哭了，以为她感动了。

我说："你怎么了？"

她说："妈，说起这件事，你要不要听听我讲？"

我说："好啊，你讲吧。"

她说："我记得那年过年你打电话回来，说你晚点回来。"

我女儿说过年那天她特别开心，因为奶奶去买了羊腿，妈妈最喜欢吃羊肉，羊腿买回来了以后，奶奶就剁肉馅儿说要包饺子。

女儿跟奶奶说："你等我妈回来再包。"

奶奶说："你妈今晚不回来了。"

她说："我不信，我去打个电话问问。"

于是女儿打了第一遍电话，然后跟奶奶说："我妈一会儿回来，等我妈妈回来，你再包饺子啊。"

奶奶说："不对啊，你妈说不回来了，你再去打个电话问一下，是不是我听岔了。"

第二通电话打完，她跑过去又跟奶奶说妈妈今晚会回来。

奶奶说："欸，不是啊，跟我说不回来呀！那走，咱们一起去打。"

于是她们一起打了第三通电话。

我17岁的女儿在讲到打第三通电话的时候，突然就愣住了，一直看着桌子，眼泪啪啪地往下掉。

·1· 觉察：理解父母，看见自己，读懂孩子

我坐在对面说："怎么了？"

她说："这次电话打通了，我妈说她会掉进悬崖摔死！"

那时女儿吓坏了，电话挂了以后，就薅着奶奶，让奶奶摘下围裙。

我女儿大喊："不要包饺子了！不要包饺子了！去救我妈，我妈要掉进悬崖摔死了！"

听完这句话，奶奶就生气了，把擀面杖丢在桌子上，说"闭嘴，大过年不要说丧气的话"。

女儿坐在我对面，趴在桌子上说："然后我就疯狂地打电话，爸爸也不去找你，奶奶也不去找你，小叔也不去找你，他们都没良心！妈妈对他们那么好，现在要掉进悬崖摔死了，他们还在笑，还在看晚会，还在包饺子。我只能一遍一遍地打电话。"

当她跟我复述 13 年前她打电话的场景时，我整个人都傻了，那个电话号码我不记得，她居然还记得。

她说："我一直打，嘀嘀的电话声响了以后，我就说接电话呀！妈妈接电话呀！我一边哭一边喊接电话，可是我听到的都是嘀嘀的声音，所以我现在最讨厌别人不接我电话。"

女儿十五六岁的时候给我打电话，我只要不接，她就暴跳如雷，为什么？因为那一刻她慌了，那一刻她担心的是妈妈，那一刻是孩子在另外一个城市好遥远、好无助的爱，和小时候的她一样。可是我理解的是一个不懂事的孩子、一群不懂事的大人。没有一个人理解孩子，孩子也无法理解大人的世界，她没有办法理解你为什么去拉货，为什么过年不回家，她想的只是让妈妈回来吃一碗热气腾腾的饺子，孩子就是这么单纯。

女儿之后跟我讲了一件让她感到更崩溃的事情。

她说:"最后他们把饺子煮熟了放在桌子上,他们都吃,我就不吃,我就要等我妈,我就抱着一盘饺子等我妈,谁都不让动,抱了一会儿,他们吃完了都说'哎呀,这大过年的孩子太不听话',就都看电视去了。"

女儿又说:"我最讨厌演小品,他们都乐,他们一乐,我就更生气,我妈可能要摔死了,你们还在这里笑,你们还在这里吃饺子。"

好长一段时间,我女儿就摸摸那个饺子凉没凉,因为她记得妈妈说羊肉馅儿饺子凉了就不好吃了,摸一遍发现皮凉了,但是馅儿凉没凉不知道,就尝一尝,结果吃了两个就吐了,孩子有情绪的时候会很容易呕吐。

她说:"我趴在那儿就吐了,吐的味道好难闻。"

奶奶走过来说:"你说你这孩子,你这是干吗呢?你作什么呢?"

奶奶把她带到洗手间去洗了洗。晚上她躺在床上一直哭,非常伤心,因为她觉得妈妈不会回来了,自己可能从此就没有妈妈了。

第二天早晨,我打电话回来,说一会儿就回来,但是她发现奶奶不高兴了,爷爷也不高兴了,所以她就站在沙发上跟妈妈嚷,可是妈妈摔门走了。

女儿跟我说:"你那个时候就会摔门走,你一生气就摔门走,我最恨别人摔门走,我最恨别人留个后背给我,我最恨别人不理我。"

17岁的她连着讲了几个"最恨",那一刻我才知道孩子后来很多怪异的行为都是有迹可循的。比如说,打电话不接就发脾气,谁一扭身走给她个背影情绪就崩溃,等等。我开始倒叙教育她的过程,才知道她这些点是从哪里来的。

后来女儿跟我讲:"你走了以后,一家人谁都不敢去找你,因为知道你脾气大。"

我自己在公司待了四天，独自伤心了四天，却不知道家里也惦记了我四天。和女儿再次谈起十几年前发生的事件，我们才知道彼此之间的沟通和理解有多重要，我们才知道我们在信息传达的过程中会产生多少误解，我们认为的"真相"也有可能不是真相。

如果今天能让我重新陪伴孩子长大一次，我一定多一些感情，多一些解释，多一些求证，多一些还原事实，我一定不会一意孤行地去判定孩子就是不听话的，去判定家里人就是没看好孩子，我会多问几个为什么，了解对方的行为背后真正的原因，而不是透过某个行为就攻击她、训斥她、判定她。

我们的孩子当下有很多应激反应，或者有很多特定的一旦被刺激就会"炸掉"的行为或者是事件，多数都和我们不当的家庭教育有关。在陪伴孩子长大的过程中，谁想伤害孩子呢？都是因为这些不清不楚的认知和判断伤害了孩子。**哪一个孩子会不爱妈妈？是我们的主观、我们的武断、我们的坏脾气，阻止了爱的流通。**

10

一碗糊汤面，
我看见了母亲、自己和女儿

—— 如何不让过往的伤痛成为今天的障碍

知过往之伤，明心中之碍，方能全然接纳，自在释然。

我们都说为人父母要气定神闲、和颜悦色，但是你会发现一个不争的事实，那就是为人父母身上的按钮越多，越难保证气定神闲。

记得有一次我去河南讲课，刚好我女儿也休假，我们就一起去了。中午主办方安排我们吃饭，去河南当地的一个百年老店吃糊汤面，我听说过这个面，据说很好吃。

我们坐下来不久，一大碗面端了上来，我的脑袋"嗡"的一下子就大了，为什么呢？这面就像各种东西混在一起，搞不清是菜还是什么，反正黏糊糊的，我不禁愣住了。

他们说："老师你快吃快吃。"

我说："这个我吃不了，我受不了所有的东西都在一个碗里，不清不楚的。"

结果当地的主办方很热情，把我的小碗夺过去，盛了一大勺子，然后推给我，我当时整个人都崩溃了。

其实我算是一个情绪相对稳定的人了，而且经过这么多年自我成长，通常不会急，但是那天我突然情绪失控了。

我说："我都说不吃了，你非得给我盛，干吗为难我！"

我讲完这句话以后所有人都愣了，当时我女儿就在旁边。

她赶紧跟所有的人说："我妈受不了这样黏糊糊的面，真的受不了的，你们不要为难她。"

然后我冷静下来，说："哎呀，对不起，我不该发脾气，但是我真的吃不了这种面，给我换一个别的吧。"

虽然后来换了其他吃食，但是那顿饭大家吃得不是很开心，吃完以后我们回到酒店，我坐在自己的床上，女儿坐在她的床上，我的情绪很沮丧。

我女儿坐在那里看着我说："妈妈你到底怎么了？"

我说："妈妈也不知道，我就觉得我很愤怒，我正在细细地品味和回顾我刚才的情绪，我发现那个情绪里有很奇怪的感觉，里面居然有委屈，而且还有很深的愤怒！"

我突然想起一件事，就跟女儿说："我知道了。今天我受到这个冲击，是我潜意识里面留存的一些伤痛，或者留存的一些意识上的偏差，也就是我们说的不合理认知，那个不合理认知在潜意识里就像一颗种子，它不死不灭的，会一直深埋在潜意识里面，一旦被特定的事件刺激，就会被触动。"

我给女儿讲了一个故事。在我六七岁的时候，还住在海拉尔，也就是妈妈带着我独立生活那几年发生的事情。每天中午，我要去姥姥家吃饭，我姥姥和我不是很善的缘分，也就是我姥姥不太喜欢我，因为我的姥姥不喜欢我爸爸，所以连带着不太喜欢我。

有一天放学我很开心地跑回姥姥家，一进门我就喊"吃饭喽"。一看我舅妈在蒸馒头，一锅又白又大的馒头，我可喜欢大白馒头了，就走过去直接伸手抓。

我姥姥喊道："住手！"

我停住了，姥姥说："去洗手，洗了手再抓馒头。"

其实今天再看姥姥讲的这句话，没毛病。但是我的性格很倔强，我虽然停住了手，但一脸不服气的表情看着她。

我说："我又没抓你的馒头，我抓哪个就吃哪个，你管不着。"

其实今天回过头再看，六七岁的小孩子嘴上不饶人，似乎也没什么大毛病。

我姥姥说："你洗不洗？你不洗今天就别想吃馒头。"

我说："不吃就不吃。"

我气呼呼地坐在饭桌旁边。

我姥姥说："你看她死硬的样子。"

等到吃饭的时候，我想这个事应该就过去了，可以吃馒头了。结果等大人们都坐下来，我又要拿馒头的时候，我姥姥说："不准拿馒头，你自己说的，不吃就不吃，对吧？不是你说的吗？你不是拧吗？你不是有本事吗？"然后她转头跟我舅妈说："你去把早晨的剩面条给她热一下。"

我舅妈看着我姥姥，姥姥说："我说话你没听见？"

舅妈其实也蛮怕婆婆的，然后她站起来，叹了口气，用一个搪瓷盆热面条去了。那个搪瓷盆我到今天都记得是黄色的，漆都掉了，盆底坑坑洼洼的。其实平时也没觉得那个盆有多破，但是它装了早晨的剩面条，里面有烂白菜叶子，还有不知道是什么的东西，像一锅粥似的，看起来就像是乞丐吃的。

舅妈把搪瓷盆放在我面前，我姥姥说："吃吧，这个不用洗手，拿筷子吃。"

我拿起筷子看着那碗面，紧皱眉头，根本没办法下筷。

我舅妈跟我姥姥说："妈，算了，早晨剩的面都糊成一坨了，我们每个人分一点就打扫了，让孩子吃馒头吧，我那个馒头给她吃吧。"

我姥姥很生气，把筷子"啪"地摔在桌子上，特别大声地说："几时轮到你做主了，这个家你做主啊？"然后她看着我说："把那面给我吃了！"

她讲完这句话以后，我骨子里的倔强就出来了，把筷子搁桌子上蹾齐，然后把盆端起来，用筷子扒着面就往嘴里送，我永远都忘不了面送进嘴里的那个感觉，真的想要吐，但是我就用那种方式去跟我的姥姥抗衡，就一直往嘴里塞，一边塞一边委屈，眼泪就跟不要钱一样，滚到盆里，但是我仍然大口大口地往下咽，到最后一划拉，把盆里的面全部倒在嘴里，吃完后我把盆"啪"地摔在我姥姥的面前。

我倔强地看着她说："我吃完了。"

我姥姥生气地看着我。

我舅妈说："哎哟妈，你看你干吗呢？"

姥姥在家里是绝对权威的，而舅妈很疼我，当时姥姥很愤怒。现在的我抽离那个时间去看，我能理解姥姥的愤怒，但当时的我真理解不了。因为我已经吃了，姥姥也不能把我怎样了，她就把所有的气都撒到舅妈身上，她顺手抓起来一个东西——我都不记得是什么——甩向我舅妈，"啪"地打在我舅妈脸上。

舅妈当时就哭了,那个时候我急了,其实有一种情绪叫转嫁性释放,我不能对着姥姥再发脾气了,但是姥姥打舅妈就给了我一个转嫁的机会,我腾地站起来。

我说:"你打我舅妈!"

说完,我把那搪瓷盆拿起来,"啪"地砸到我姥姥脸上。砸完了我也知道惹祸了,怎么可以打姥姥?我赶紧扭头就跑,一路跑回学校。家里后来发生什么我就不知道了,那个时候我妈是每个月下旬开支的时候才去我姥姥家,给我姥姥送5块钱生活费,平时是不联系的,电话也没有现在这么方便,所以我妈不知道我那天惹祸的事。

妈妈下班回家了我也不敢跟她讲。第二天早晨我使劲吃早饭,想着把中午的那份吃出来,撑得自己直打嗝。

我妈说:"你这孩子,干吗吃饭吃成这个样子。"

我说:"我要吃饱一点,每天我不到中午的时候就饿了!"

中午放学,我不记得当时因为什么,我脖子上挂着班级的门钥匙。那是用绿色毛线绳拴着的一把很长的钥匙。等出校园,老师和同学都走散了,我扭头再回去,像小猫一样蹲着悄悄地从传达室窗户下面溜过去,打开教室门进班,听着肚子咕噜咕噜地叫,我把几个凳子对着搭在一起,躺在教室里缓解饥饿感。这样的日子过了连续十几天,每到那个时候我就特别后悔,早餐为什么不吃得再饱一点?又到妈妈去姥姥家送钱的日子了,我很紧张,可是回家观察妈妈,我发现她没什么异常的反应。应该也送过钱了,这件事却好像销声匿迹了,没有人再提起。不过这件事横在我心里始终放不下。

妈妈去给姥姥送钱的第二天或者第三天,我又躺在教室里,我听见教室门"嘎吱"开了,我从桌子底下看见了一双好熟悉的鞋子,那

· 1 · 觉察：理解父母，看见自己，读懂孩子

是我妈妈的鞋子，我紧张地看着那双鞋子朝我走过来，我整个人吓坏了，只能闭着眼睛不吱声，也不敢说话。

过了一会儿，我听到一个往桌子上放重物的声音，然后这个人转身就走，我看着那双鞋子慢慢地走出去，门一关上，我立刻就起来了，趴到窗台上，看见我妈跨上自行车骑走了。上自行车之前，我妈妈还在抹眼泪。我当时站在窗口，应该是没哭，但是我今天想起妈妈的背影会很心酸。

我回过头，看见我妈妈放在桌子上一瓶格瓦斯汽水，旁边有一个面包，像麻花辫儿一样扁扁的面包，每一个缝隙上都有蛋液。哇！那个面包好香啊，以前我从来不觉得一个面包的香味可以让我整个人感觉很幸福，我坐在凳子上一口一口地把面包吃掉，把那一瓶汽水喝掉。

我妈妈第一次没有因为我惹祸去打我骂我。

那天我到家，妈妈淡淡地问了我一句："自己在学校多少个中午了？"

我说："我不知道。"

妈妈说："我跟老师讲了，从明天开始我会给你带个小饭盒，记得早晨到学校的时候，把小饭盒放在锅炉室的锅炉上面，饭就不会凉。"

从第二天开始，我妈妈就给我带个小饭盒，而且我妈妈永远都记得，我跟她说不要把菜盖在饭上面，饭盒里一边是饭，另一边是菜。

我坐在酒店的床上，跟我女儿讲这个故事，一边讲我的眼泪一边掉下来。

我说："我终于想起来了，原来很多的创伤不是用来疗愈的，而是用来复原的，我突然回想起这个场景，我就知道为什么吃不了那样的面，因为那是我不愿意面对的一个过往的伤痛。"

我跟我女儿讲完后，我发现我女儿陷入了沉思。

我说："怎么了？闺女。"

她跟我说："妈，我有一个心结打开了。"

我说："什么心结？"

她说："你还记不记得我们全家人一起吃饭，吃面条的时候，我碗里剩了点面条，奶奶说立宁啊，你给孩子打扫了，扔了可惜，你说我可不吃，拿一边儿去。"

但是奶奶端起来把孙女的剩面条吃了。

她说："当时我就觉得你不爱我，你嫌弃我，可是奶奶却不嫌弃我，从那以后我观察你，从来不吃我剩的饭，所以我确认你是不爱我的。这个心结系了好多年，今天我看见你那个样子，我突然知道了，你是受不了那碗饭，而不是嫌弃我。"

我说："对，是这样的。"

我在带学员的时候，有的家长会说："老师我做不到啊！"做不到其实分成两种，有一种做不到是不想去做，还有一种做不到是真正的做不到，真正的做不到是什么？没有看见自己身上的那个按钮，也没有看见自己身上过往的偏差认知有多强烈，不知道那颗种子是什么。所以如果那颗种子还在的话，你为难一个人去接纳他无法接纳的东西，那真的是一件很难的事。

那一刻，我释然了。后来我也不太吃那种糊塌塌的面，因为这件事我也去咨询过，咨询师说释放一下就好了，以后我不会看见它就跳脚，也不会看见它就很愤怒。但是我依旧可以选择不吃。不吃又能怎样，不会影响我成长，也不会影响我做老师，更不会影响我做一个幸福的女人。

所以很多时候觉察是一个线索,这个线索能让我们选择更加完整地疗愈自己,还是更加全然地接纳自己。 就像我今天接纳自己不吃糊汤面,接纳它就好了,我不一定去挑战它,不一定非得去吃,因为不吃也不会产生什么副作用,也不会影响我的生活,但是我清楚明白地知道我为什么不吃。

11

允许女儿跟后妈亲，
我认为是给予女儿最好的爱

—— 如何真正给予孩子完整的爱

爱子之道，在于广纳深情，不以己私妨其幸福，方能成全大爱。

讲一件特别有趣的事情，我离异后，孩子爸爸重新组建了家庭，有一年，我女儿要去他们那里过暑假。

女儿落地以后给我打电话："妈，我跟你说，我终于知道为什么你会输给阿姨了。"

我说："为什么我会输给阿姨？"

她说："你看你上机场接我，你都买啥？"

我说："汉堡王，多好，双层皇堡，然后来个大可乐加冰的。"

她说："你就是这样，你看阿姨来机场接我，买了一束好漂亮的鲜花，而且精心打扮得跟蝴蝶一样，老远地飞过来，赏心悦目。她跑过来以后抱着我说：'哎呀，我好想你啊！'"

我女儿因自己被爸爸现在的妻子欢迎很开心，拿着鲜花很开心，和那么漂亮的阿姨走在一起也很开心。我知道那种差别了，关键是我清楚地知道，我的确没有给孩子那样的东西。

我说："我知道了。"

我的小孩儿跟阿姨还有爸爸去逛街了，他们在步行街照了一张照片，我女儿在中间，阿姨在一侧，爸爸在另外一侧，三张脸紧紧地贴在一起，哇，真的看着好亲密啊。照片发到朋友圈，我第一时间打开，心里"咯噔"一下，心里头真的有刺痛，有嫉妒。我用这么大的力量去自我成长，去宽容，就是为了让你们一家三口在一起如此亲密，把我这个人扔在外面吗？这还是我的女儿吗？老公不是我的老公了，这正常，连女儿现在也不是我的了吗？自私的、狭隘的想法全部涌了出来。转念一想，你爱你的孩子吗？爱。你允许别人爱他吗？不允许。这不岂有此理吗？自私的想法就像心里的贼一样，它会偷走孩子的幸福。

我再问我自己："你爱她吗？"回答是"爱"。

"你允许别人爱她吗？"

当我想到"允许"这两个字的时候，我觉得我自己都温暖了，我脚底板都是热的。然后那一刻，我给我女儿的朋友圈点了个赞。我不再嫉妒，因为我知道我的女儿在那里很幸福，这很好。

女儿一看我点赞，立马朋友圈就撤了，给我打了个电话。

她说："对不起，妈，我忘了顾及你的感受，我不是跟她亲，我心里还是跟你亲的。哎呀，就是阿姨带我去买裙子嘛，我就感谢她嘛。"

女儿越解释我越难过，解释到最后，我真的哭了。

我跟她说："宝贝，别这么说了，越这么说妈妈越汗颜。我们成年人处理不好成年人的问题，让你连被爱都得小心翼翼，真的不必了。放心大胆地去拥抱阿姨，让阿姨也好好地拥抱你，因为我和你阿姨是不同的存在。"

那一刻我的孩子跟我说："妈，真的，我不知道该跟你讲什么。"

可是那次女儿回来，我觉得我和她的感情更加亲近了。教会你的孩子爱别人，有的时候甚至是你的情敌，你的孩子才会好好地爱自己，你的孩子再爱你才是全然的。

有意思的是，我去机场接她，站在出闸口那里，我犹豫了，左面是汉堡王，右面是鲜花店，我要怎么做？我到底要不要像阿姨一样去买束鲜花？我到底要不要像阿姨一样穿上裙子？然后对她说："哎呀，闺女，我好想你啊。"

我仔细想了一下，还是不要了，因为我不期望那个结果，所以我不必做这样的改变，因为做这样的改变，我已经不是我了。我选择真实地做自己，于是又冲进汉堡王，买了汉堡、可乐，等着她出来。她出来后我也没冲上去。

我只跟她说："赶紧走。"

上车后我把汉堡给她。

她说："妈，还是这个实在。"

女儿的话听听也就算了，她这一刻享受你的实在，是你给她的营养元素，那一刻她享受阿姨的又是一个营养元素，没有什么好比较的，多一个人爱她总比多一个人讨厌她强。如果孩子现在在我面前一直炫阿姨给她的礼物，她有多喜欢，我都不会生气，反而会很开心。

这次我女儿回奶奶家也是去看爸爸和阿姨，走的时候还很精心地给阿姨买了很多礼物，是我帮她参谋的。**因为我知道我的孩子付出怎样的情感，她会回收怎样的情感，我希望她幸福，我希望多一个人爱她。我们离了婚，但多了一个人爱我的小孩，多好啊！**

每一个重要的节日，女儿都去跟她爸爸和她奶奶过，我会跟她讲没有关系，因为我能安顿好自己，所以我不要求她的陪伴。我不想争抢孩子的时间，让孩子左右为难，我不会让我的小孩心怀愧疚。

所以一到过节的时候，我会跟她说："哎，你去奶奶那儿还是去爸爸那儿？"

她说："我和我爸都回我奶奶那儿。"

我说："那我可去旅游了。"

我自己买上机票到处旅游，我会告诉我的孩子，你可以放心地选择去陪任何人。去年过年的时候我女儿给我发了一条信息。

她说："妈妈，不是我不想陪你，是奶奶年龄真的越来越大了，我想来陪陪奶奶，你一个人过年是不是很无聊？"

我说："才怪，我一个人过年可开心了，真的很开心。"

有的时候，我的女儿和她爸爸的现妻比和我亲近，但是我知道，那是不同的亲近。我们很多时候因为路走到这里了，不得不去为一个结果负责，这是一个成熟的人的思维方式。因为我的家庭的确没有经营好，所以我选择了让自己在春节的时候有一点孤单。没有关系，万家灯火亮起的时候，我好好地欣赏我的自由就好了。

如今，我的孩子在爱的海洋中自由翱翔，她可以随时离开我的视线，但她的心永远与我在一起。因为我的爱如同她的天空一般广阔无垠，我从不担心她会与谁亲近，也不忧虑她未来是否会孝顺我。只要她懂得好好爱自己，她必然会以同样的方式去爱人，也一定会收获来自别人的爱。

很多单亲家庭教育孩子出问题，多数是因为成年人之间的对立和彼此黑化，并不是因为单亲家庭本身。化解成年人的矛盾是对孩子最好的教育，也是最好的爱的能量！

12

"丧偶式育儿"都是怎么形成的

——夫妻共育：解锁各类"队友"的育儿潜能

信人者，人恒信之；育人者，人恒育之；和而不同，赞而共进。

维持夫妻关系的和睦是不是亲子教育？绝对是，而且伴侣的成长通常都会在你成长之后发生。

我听过一个说法，叫丧偶式教育，就是老公或者老婆不参与教育。现实中还有各种的奇葩"队友"：猪队友，懒，啥也不干，啥也不管；猴队友，就是经常拆台的队友，我刚建立一个好的学习氛围，猴队友一过来，氛围没了；狮队友，擅长狮子吼，而且就知道吼，就知道跟孩子发脾气。

先讲猪队友，猪的特征是懒，啥也不管，还乱哼哼。

我的外甥媳妇儿跟我说："你知道吗，老姨，我老公回家以后就一个地方能动。"

我说："哪儿能动？"

·1· 觉察：理解父母，看见自己，读懂孩子

她说："嘴能动。我可咋办？"

我说："因为你太勤快了。"

妻子太能干了，老公就撒手不做了。妻子蹬着梯子能拧灯泡，蹲下身子能通下水道，总是在家庭中扮演一个任劳任怨的"老黄牛"角色，而且干什么都干得非常漂亮，那丈夫在家里就没有任何发挥的空间了，猪队友就是这样来的。

在我离异前的家庭里，有一个很遗憾的教育缺失是，我前夫从不为我女儿做任何的事情。为什么？因为经验告诉他，只要他一做事，他一定会被两个女人批评，一个是他娘，一个是他老婆。

"哎呀，你走开吧，这笨手笨脚的，你不要给孩子换尿布了，你都擦不干净。""拜托你把手烤热一点再碰孩子好吗？"

要知道，猪队友其实是非常聪明的。在做的过程中不被认同，一直被训斥，他会怎么想？

"我做也被骂，我不做也被骂，那我就不做，被你骂一下好了，我为什么要做完被你骂？"

所以我前夫就什么也不干。事实上，谁见过被男人抱坏的孩子？没有。

聪明的妻子就想得开，比如妻子出差了，她老公就在家跟孩子玩儿，玩儿得不亦乐乎，后来发现天冷了，都没给孩子多穿一件衣服，孩子打喷嚏了，他和孩子一起喝姜汤，两个人都很开心。

聪明的妻子一定不会严厉地指责老公，一定不会说："就是你，粗心大意，我一刻不在孩子身边都不行，才出差两天你就把孩子弄感冒了。"

她反而会说："哎呀，你俩喝点姜汤，爸爸继续照顾好儿子，离我

远一点啊，不要让我也感冒了。"

和伴侣之间的教育配合，先要学会信任。我一直认同一句话，"别人对待你的方式是你教的"，当你学会信任，你的猪队友就变成了一个勤快的牛队友。如何变成牛队友？首先他得有机会，大胆地让他参与。你的猪队友刚开始做，没做好是正常的。允许他做完，他才有机会做好。做的时候不骂他，他才愿意继续做。

猴队友是怎么来的？猴队友的特点是经常突然出现，做一些"捣乱"的事情。其实这里涉及一个家庭成员的序位问题。当一个家庭有了孩子之后，经常发生的现象是，在妻子心里，丈夫不是排在第一位的，孩子永远是第一位，丈夫经常感受到不被关照和被忽略。

我外甥曾对我说："老姨，自从有了我儿子，我老婆眼里就只有儿子了。我回家一看到好吃的，一伸手，她准说'别动'。"

猴队友的行为通常是在刷存在感。他的心声是："哎！我在这儿呢，哎老婆，哎孩子，都别忽略我！"

所以如果你有一个"猴老公"，多关注他一些，平衡好夫妻关系和亲子关系。不管孩子的爹，光管孩子，那怎么能行呢？把他放在他该坐的位置上，他就坐住了。

最后，我们谈一下狮队友。吼叫背后的情绪是愤怒，你可能会想他为什么吼，但是你可能忽略了他为什么怒。雄性一定是有阳刚的力量的，而这个阳刚的力量不应该是伤害。一个家里，大狮子和小狮子的争斗只有一个人能化解，那就是母狮子。有没有听过绕指柔这个比喻，妻子能用自己的柔软把丈夫从坚硬笔直的钢条变成链条。"狮队友"愤怒的原因你知道了，及时给到他安慰，及时给到他情感的呼应，就能够让他的心理得以平衡。

总之，让队友成为家庭教育中的好搭档，**第一点要学会信任**；**第二点要允许差异**；**第三点要及时关注，及时回应，及时认同**。当你开始改变，你身边的队友也一定会慢慢发生变化。

13

好的教育就像老师的那碗蛋炒饭

—— 走进孩子的心，觉察孩子内在需求

知其心，然后能救其失也；察其情，方能育其全人。

我生命当中最有力量、最认同自己、最爱自己的那一刻，并不是我取得成绩的时候，而是我被温暖的时候。

有一个规律性的东西：每一个调皮捣蛋的孩子，每一个不按常理出牌、看似匪夷所思的孩子，其实都是因为他内在有一个强烈的需求没有被觉察，那个最深层的需求一旦被觉察，你会发现它非常容易被满足，而且一旦得到满足，很多问题都会随之化解，我的生命就是如此的。

我在小学的时候，是我们年级里所有班主任都头疼的一个孩子，到哪个班哪个班主任头疼。

"哎呀，王立宁来这个班了，这个王立宁真的是太不好管了，上着课从窗户就跑出去了。"

那个时候我做过很多捣蛋的事情，甚至还朝黑板扔过臭鸡蛋。学习心理学以后，我才读懂那个时候的自己，我跟别人不一样，我与众不同，我特立独行，是因为我特别希望被别人看见，特别渴望被关爱。但是有一个没学过心理学的老师，那一刻就读懂我了。

一次被转班以后，新的班主任老师看见我的第一句话是："你是立宁吧？"

我说："是。"

"坐。"

就这样而已，没再多说一句话。而我以前的经历都是被转班以后，班主任先找我谈，要谈好久好久，总而言之就是要我乖。那个老师什么都没多说，声音非常温暖。

当时我坐下后，一堂课都在想，她憋什么招呢，她想干吗？果不其然，下课她就走过来了，走到我身边跟我讲："我跟你妈说了，中午你不回去吃饭，你跟老师回家。"

我说："干吗不在办公室谈，还得弄家里去谈，吊起来打一顿不成？"

老师说："我一会儿路上跟你说。"

放学后，她拉着我的手往外面走，我就甩掉她。为什么甩她？因为我害怕，牵手对我来说太可怕、太陌生了。我甩掉她，她又来拉我，那份坚持我到今天都记得，我不知道甩了她几次，但是她还是过来拉我，最后因为她的坚持，我的手心直冒汗。她拉着我走出校门。

她说："今天家里没人，我昨天准备的饭有点多，老师一个人吃不完，让你回去帮老师吃而已。"

她看到我心里的恐惧和抗拒了，看到我的防御升起来了。

她把我带回家，跟我说："立宁，你去外面帮我把一棵葱剥干净洗好，你会不会用刀？"

我说："会切成葱花。"

我拿刀切好葱花，老师说："哎呀，你会干这么多活儿，这么利落？"

我说："哦，我老帮我妈。"

老师开始做蛋炒饭，葱香、蛋香、米饭香飘散在屋里，我看着老师忙活的侧影，她什么都不多讲，蛋炒饭炒好了，她盛一碗，我盛一碗。

老师坐下来跟我说："吃啊。"

我们两个人吃完蛋炒饭，我就想，吃人家嘴短，吃完了肯定得承诺，于是我先说："老师，我以后听话。"

可是我想多了，老师不接这个话茬，说："吃完了还有好长一段时间才上学呢，你睡一觉，咱俩一起走。"

我说："老师，你想说啥？"

老师说："不说啥呀，中午好不容易有时间还不睡一觉？来，跟我来，你去我女儿房间睡，刚好她不在。"

我躺下来，老师帮我盖好被子。

她跟我说："蛋炒饭好不好吃？"

我说："好吃。"我的眼泪开始在眼眶里打转。

老师讲完后就离开了，我睡不着，我想了好多，所有的忐忑都放下了。我们再次走向学校的时候，我拉着她的手，是我主动拉的她，我就想：这个老师真好啊！

后来一个多学期，她也没有再给我炒过蛋炒饭，就那一碗蛋炒饭把我拿下了，如果没有那位老师，我根本不相信这个世界还有人会对我好。

从那以后，我和同学们一起复习功课，我希望我们的老师被评为优秀老师，因为我爱她，所以我挺她。

所以，教育的痕迹到底是什么？孩子在乎施教的这个人，他就愿意被教育。有的家长会说："哎呀，有这样的老师多好，我的孩子如果能遇到这样的老师该有多幸运。"如果你能成为这样的状态，你的孩子不必历尽千山万水地去遇见另外一个爱他的人，因为他是你生的，他就在你身边。当你抓住随处可见的机会去觉察和捕捉他心里最深层的需求，满足他的需求，教育就变得非常简单了。

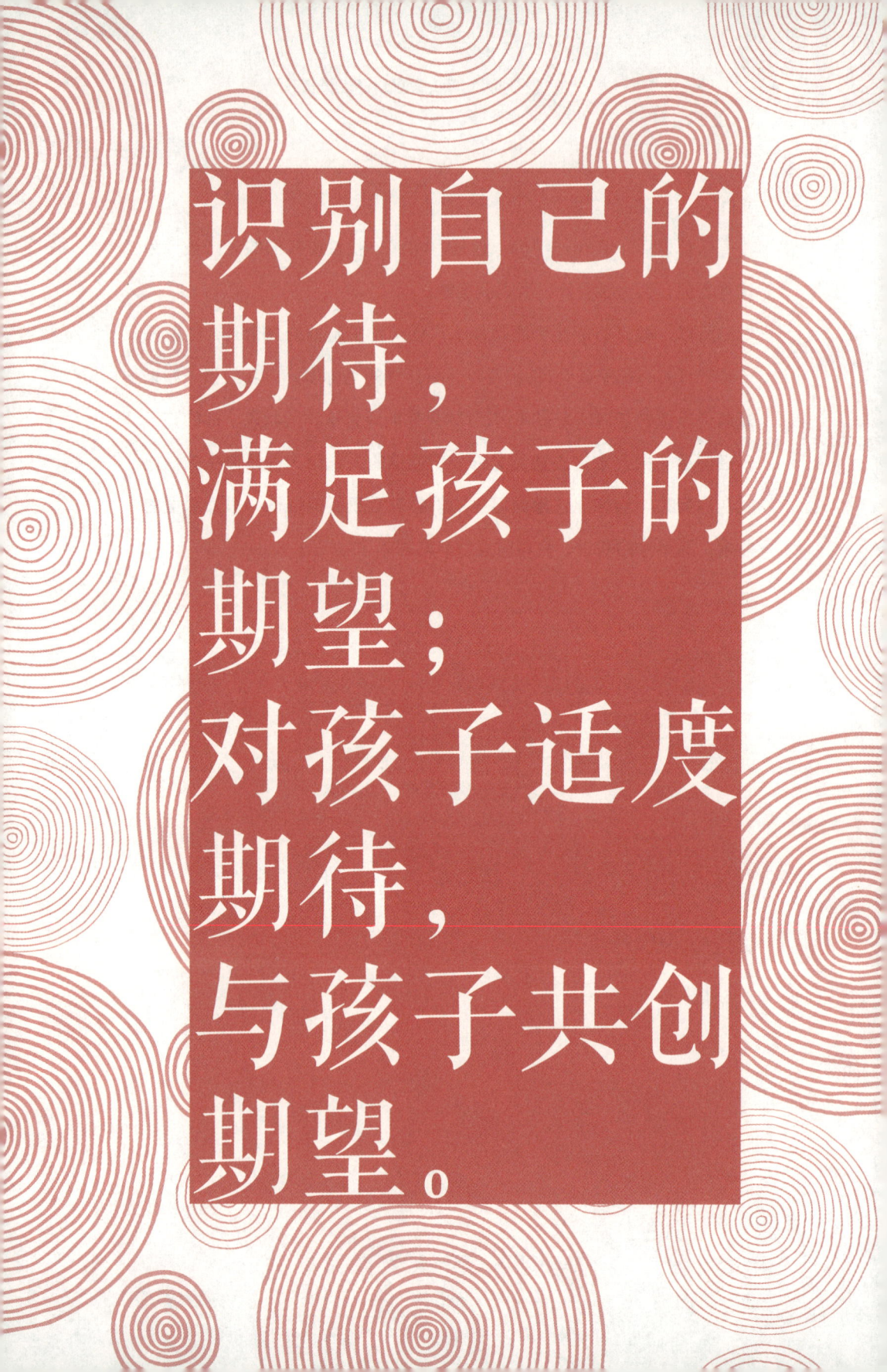

识别自己的期待，满足孩子的期望；对孩子适度期待，与孩子共创期望。

·2·
觉醒
与孩子重新联结

在人生的浩瀚旅程中，父母与孩子之间的关系无疑是最为深刻且复杂的纽带之一。它既是血脉的延续，也是情感的寄托，更是灵魂深处那份不灭的牵挂。然而，在快节奏、高压力的现代社会中，这份珍贵的联结却时常遭受着无形的冲击与考验。父母忙于生计，孩子则在学业的重压下喘息，彼此之间的沟通与理解似乎变得越来越困难。在这样的外部环境下，如何重新找回那份纯真的爱，与孩子建立起更加紧密而深刻的情感联结，成为每一个家庭都需要面对的重要课题。

爱，这个自古以来便被无数诗人歌颂、哲学家探讨的词汇，其内涵之丰富、外延之广泛，几乎难以用言语尽述。但有一点是毋庸置疑的：真正的爱绝非简单的占有、比较或控制。相反，它是一种深沉的接纳与理解，是一种能够跨越时空、穿透心灵的强大力量。当父母能够以这样的心态去面对孩子，才能够更加敏锐地捕捉到孩子内心的需求与渴望，从而给予更加精准而有效的关爱与支持。

情感畅通是让改变发生的先决条件。在爱的滋养下，孩子的心灵将变得更加柔软与开放，他们更愿意去尝试、去探索、去成长。而这一切的改变，都源于父母给予他们的那份深深的安全感与信任感。只有当孩子确信自己无论成败、无论好坏都能得到父母无条件的爱与支持时，他们才会勇敢地迈出前行的步伐，去追寻属于自己的梦想与未来。

德国教育学家卡尔·西奥多·雅思贝尔斯说："教育的本质意味着

一棵树摇动另一棵树，一朵云推动另一朵云，一个灵魂唤醒另一个灵魂。"教育从来都不只是知识的传授或技能的培养，它更是一种情感的交流与心灵的触碰。只有当父母与孩子之间建立起一座坚固而稳定的情感桥梁时，教育的力量才能真正得以发挥，孩子才能在爱与关怀中茁壮成长。

然而，要建立起这样一座桥梁并非易事。它需要我们不断地学习、反思与实践；需要我们学会倾听孩子的声音，理解他们的感受与需求；需要我们放下成人的架子，以平等的姿态与孩子进行对话与交流；需要我们勇敢地面对自己的不足与缺陷，努力成为一个更加成熟、更加有爱的父母。

在这一章里，我将会分享如何以爱为桥梁，与孩子建立起更加紧密而深刻的情感联结；引导父母深入探索爱的真谛，学会如何真正有爱、懂得爱与被爱的智慧，与孩子一起成长、一起进步。在这个过程中，我们不仅要重新认识自己，更要学会以全新的视角去审视自己与孩子之间的关系，从而找到那把打开心灵之门的钥匙，探索那些隐藏在心灵深处的宝藏，与孩子一起书写属于他们的精彩人生！

01

从那一刻开始，我与女儿重新联结

——父母的觉醒力量从哪里来

爱，是理解的别名，它在关门与开门之间，悄然深化。

我深深地理解了一句话，你不小心就活成了她的样子，是因为你传习了她的教育认知和方式，而不幸的是，你传习的是错误的方式。我和我女儿吵架就是当年我和我妈妈吵架的翻版，只是角色不同而已，我做女儿的时候，我妈是一个超级主观、超级霸道、说一不二的妈妈，所以我要反抗，我要对立。

当我和我妈吵架的时候，我就发现我有理也说不清，我永远是错的。有一次我和我女儿吵架，我女儿就讲过这句话。

"你是全天下最对的，你是太上皇，行了吧！你说的永远都是对的，你不要理我了！"

她讲这句话的时候，我突然觉得似曾相识，原来二十几年前我对我妈妈讲过，我突然明白了什么是**立体式亲子关系**。在某种意义上，今天的孩子不正是过去的我，而今天的我不正是过去的母亲吗？我们都希望别人是怎样的，但是当我们自己扮演这个角色时，却忘记了别人需要我们是什么样子的。曾经做女儿时的无奈，看见妈妈教育中的错误行为，今天自己也成了母亲，不但没有改变，反而不知不觉中就复制了她。

我第一次给女儿道歉的时候，有过一段这样的对话。

我说："宝贝，我终于发现我是一个那样主观、那样霸道、那样自以为是、那样说一不二的暴君妈妈，我今天才知道。"

我女儿看着我说："妈，我跟你说了无数次，说了无数次了！"

所以我说家庭教育的改变一定从自我面对那一刻开始，一定是透过孩子看见了自己真实的样子，她的呼喊你听到了，她能够喊停了，停的就是错误的教育方式，那个方式不能再延续了，那一刻我才知道。

我说："可是为啥妈妈就听不懂呢？"

女儿说："你不想面对自己，你能承认你是个主观的人吗？"

主观的人都不会承认自己是个主观的人，我才不主观，我多民主啊！

我妈会讲一句话："全世界我是最讲理的人。"

讲理是因为你只讲自己的理，根本不想别人有他的理。所以我说亲子教育，是一个最好的自我解释的旅程，你能通过教育你的孩子回归你自己。我不压抑我的孩子的那一刻，我的孩子用她温暖的怀抱反过来去安慰我的那一刻，我才知道，我不仅疗愈了现在的我和她，我也疗愈了过去的我和妈妈。

孩子在小的时候拉着我说："妈妈，你能不能陪我？我们星期天的亲子活动，人家都是和妈妈一起去玩游戏的。"

我跟她说："松手松手，让奶奶去。"

"我奶奶跑不动。"

"那让你爸爸去。"

"人家都是妈妈去，没有爸爸去的。"

"好了，妈妈去赚钱了，妈妈赚钱不都是为了你吗？"

女儿还在坚持。

最后我的语气逐渐严厉："松手，听话了，就不参加能怎样？"

就是这样一次一次，我错过了陪伴她的时光。

她最初在我要出门前，会拽着我的衣服，跟我说："妈妈你不要走，我特别特别想你。"

我会跟她说："你想妈妈干吗？妈妈出去赚钱，奶奶陪着你，多幸福啊，好了，放手了。"

一次两次，孩子的情感总是得不到呼应的时候，她就会剪断对你的情感依恋，后来我再回家就是这样的画面。

我说："妈妈回来了。"

她说："妈妈好！"

我说："妈妈走了。"

她说："妈妈再见！"

她不会再看向你，而是自己玩自己的，理都不会理你。再大一点，七八岁时就更冷漠疏离了。我永远都记得有段时间我长期出差在外，每次回家都是待两天就走，其中有一次我回家，想在家里多和孩子待几天，但是我发现到了第三天我还没走的时候，好像家里所有的人都觉得有点别扭，我打乱了人家的生活节奏，孩子走路都贴着墙边，我觉得自己在这个家里怎么这么违和！

每个人在家庭里都有自己的位置，比如中午吃饭了，你上一顿坐

· 2 ·　觉醒：与孩子重新联结

在哪儿，通常这一顿还坐在哪儿。我的位置是"待两天该走了"，可是我还在那里，所有的人都失衡了，别人喊我婆婆打麻将，婆婆说"不去，儿媳妇儿在家呢"；别人喊孩子爸爸出去撸个串儿，他说"不去，得在家看书，你嫂子在家呢"。

就这样，家里的秩序因为我乱了，同时发现我女儿跟我真的不亲近了，她不停地在问："妈妈，你什么时候走啊？"以前这样问是不舍，现在问却是期盼。

我好难过，为什么会是这样？家不是温暖的港湾吗？怎么我在家里待一会儿就招人烦了？当我有这个想法的时候，就决定提前走了。跟家里人说我要走，我婆婆马上帮我收拾东西，我女儿掩饰不住地高兴，但是还不能显得太高兴，行李收拾完了，我好想让他们再留我一下，我好想让他们说再多待一天嘛，但是没有人讲，我拉着行李就走了。

当我走出去，回过头来看门慢慢关上的时候，还有半尺的距离，居然看见女儿穿着裙子在客厅的中间跳起好高，两只小胖手一直拍："哦！我妈妈走了。"

门关上的瞬间，我眼泪就掉下来了，突然觉得一切都不值，自己养了个什么孩子啊，那一刻我的心相当痛。现在想来，生活中哪里有痛了，一定要停在哪里好好反思，好好地想为什么，一定不要掩盖它，一定不要忽视它，但那个时候的我就选择了忽视。

我自己上了车，一只手扶着方向盘，一只手抹眼泪，在倒车镜里看着自己，安慰自己说："唉，孩子小，她不理解我的良苦用心，长大了就好了。"

事实上并不是这样，小的时候孩子和父母的情感没有依恋和联结，长大了更不会有。后来，我和孩子爸爸感情破裂，离异以后，我把孩子从奶奶那里接到我身边一起生活。我发现，已经 14 岁的女儿真的像一头驴一样，你一管，她就踢你，就是因为没有情感基础。

她总说一句话："你凭什么管我？"

我说："凭我是你妈。"

她就说："你哪里像我妈？我奶奶才是我妈。"

没有联结就没有一切，合理的情感依恋一定是教育的存折和基础。没有联结，就相当于"存款花光了"，但是当时的我不懂这个道理。我一次一次地尝试管教她，一次一次地失败，我们一次一次地彼此伤害。她开始疯狂地玩游戏，学习成绩一落千丈，直到不得不办理休学。我们在对立中不断交锋，我内心的愤怒像一座火山一样一触即发，就这样，我和孩子的一场激烈的冲突不可避免地发生了。我记得那是一个深夜，她突然饿了要吃饺子，我带着情绪从床上爬起来做给她吃。

饺子做好了，我没好气地去叫她起来吃，她也没好气地回复我："不想吃了。"我怒火中烧，站在客厅大吼一声："你给我滚出来！"

她从房间里出来，一脸的厌烦，眯着眼睛说："怎么样，装不下去了吧！要打人了吧！"

看着她的样子，我脱口而出："我怎么生了你这么个败家东西！"她大声地回我："那有本事你把我塞回去吧！"

就在那一瞬间，我的脑袋"嗡"的一下，晕倒在地上。半晌，我迷迷糊糊地看见她走了过来，心里顿时升起了一线希望："她会扶我起来的。"让我没想到的是，她就这样从我身上迈过去了，"砰"的一声关上了房门。

那一声门响，彻底给了我的生命重重一击。那一刻，我突然问了自己一个问题：我到底怎么了？我突然意识到，是我出问题了！我为什么养出这样一个对立叛逆的孩子？

　　我扶着墙站起来，回到自己的房间。我站在飘窗上，心痛得无法呼吸，推开窗子，一条腿就迈出去了。但就在那一刻，我的心里突然生起一个念头："我要真的死了，我的孩子怎么办？她还没长大，还不能养活自己啊。"这就是妈妈，连死的权利都没有。我硬生生地把那条腿抽回来，放声大哭。

　　一连几天，我们都在各自的房间里。我哭累了就睡，睡醒了再哭。我多希望我的孩子敲门进来说："妈，我知道错了。"可是从愤怒到失落，再到伤心绝望，也没能等来。终于，我做了一个决定，是我一生中做过的最正确的一个决定——我不能放弃！全世界都放弃她了，我也不能放弃，因为她是我的孩子。

　　我开始找家庭教育和心理学相关的课程，我开始不断地学习。在学习中，我看见了自己如何酿成了我们之间的对立，我看见了她渴望妈妈的陪伴却得不到时的失落和伤心，我看见自己居然是一个如此不负责任的妈妈……我第一次看见，在亲子教育这条路上，我彻彻底底地走错了方向。

　　后来，我开始慢慢训练自己改变，开始慢慢地走进她的心，直到我们有了良好的沟通状态和情感状态的时候，我做了大量的工作，她终于同意回到学校了。

　　在复学的前一天晚上，孩子躺在我的床上和我谈到快天明，我们两个一直在聊，聊过去的我怎么了，聊过去的她怎么了，也聊过去的我们怎么了。那一场沟通真的是灵魂与灵魂的共振。天快亮的时候她睡着了，早晨我居然忘了起来给她做早饭，以前早饭是做得相当丰盛，人家高兴的时候吃，不高兴的时候看都不看你一眼。

那天早晨，她起来去刷牙洗脸，我突然惊醒说："完了，妈没给你做早饭。"

她说："没事，妈，给我煮方便面就行，随便吃一口吧。"

她再也不说你做早餐不好吃，你不爱她了，因为她不挑剔你了，她和你亲近了，她懂得心疼你了。

出门之前，我说："你等我一下，我换鞋，我去送你。"

因为以前都是我送的，不送不行，不送就是你不爱她。

她说："不要啦，这么近的路送什么送，你在家睡一会儿吧。"

她走出去，门再次关上，和以前的那个场景一样，还有半尺距离的时候，女儿看着我讲了一句话："妈听话，回去睡一会儿，好好地在家等我回来啊。"

讲完这句话，门就关上了，我一屁股坐在脚垫儿上，才发现得来全不费功夫。我用了几年的时间打着骂着证实我爱她，而这一刻，我真的会爱她了，我真的明白爱是怎样的一种能力了，我和我女儿的心瞬间就连在一起了，我永远记得她那个表情和眼神："好好地在家等我回来啊。"

同样的一扇门曾经关闭了我和孩子之间的情感和爱与被爱的可能。同样的一扇门再次关上的那一刻，我们联结了，联结得比任何以往都更深。

02

别让主观臆断阻断了孩子爱的表达

——如何倾听孩子，与孩子有效沟通

闻子之言，勿急于断，宜详察其情，方能通子之心。

父母越主观，孩子越不敢讲真话。我以为我用自己的教育方式修正了女儿的一个错误行为，但是却阻隔了一个孩子对妈妈的爱。

我和女儿曾经有一次很大的争执。女儿小的时候，我从国外给她买的驼绒衫、羊绒衫，都是非常漂亮的，而且都很贵。有一次我回家，发现她衣服两个袖口都磨了一个破洞，我气坏了。

我说："你干吗呀？这衣服怎么弄成这样了，你爬树了吗？"

她说："我趴窗台磨的。"

我说："你趴窗台干吗呢？"

她说："我要看车车。"

我说："家里没有车车吗？你看什么车车？你看车车趴窗台，你掉下来怎么办？你那个袖口都磨破了，天天去趴窗台，你把自己当抹布是吗？"

我女儿那个时候4岁，就怯怯地看着我冲她发飙。

"你告诉我能不能不趴窗台了！"

女儿含着眼泪，看着我说："能。"

从此以后她再也不趴窗台了，这件事就过去了，我以为我用自己的教育方式修正了孩子的一个错误行为，但实际上我却阻隔了一个孩子对妈妈的爱。

后来她长大了，她十六七岁的时候，我也学习了心理学，每一次和她沟通，她无论讲什么，我都会问："还有吗？然后呢？接着呢？"这三句话太重要了，在亲子沟通当中，这三句话就是个"勾手"，会让孩子不断地讲出自己的心里话。父母越主观，孩子越不敢讲真话，父母就越不能了解孩子的内心世界。

有一次，我突发奇想，找女儿谈话。

我问她："过去有什么事情是你印象深刻的，妈妈特别主观，没让你把话讲完的？"

她说："你从来没让我讲完过。"

我说："哦，那你随便想一个事件，妈妈没有让你讲完话的。"

她说："你记得吗？有一次我衣服的袖口破了，我告诉你是因为趴窗台，你问我趴窗台干什么，我说我去看车车，你就把我痛骂了一顿，说车有什么好看的，谁家的车比咱家的车好，但是我不是去看别人的车，我是去看你的车。"

她提到这个事情的时候，我就回忆起来了。当她说到是在看我的车的时候，我心里就隐约地有了猜测，内心开始微微颤动。

女儿接着说："妈，我每天都趴窗台，蹬着小凳子，用胳膊肘挂着窗台，蹲到窗台上面看一下你的车位。"

这时我又突然想起来，我女儿的房间窗户正对着我的车位。

"我在看妈妈有没有回来，我一看没有，再'刺溜'回来，去玩一会儿，我再跑过来看一下，妈妈的车还是没有回来，可能就这样上下来回'刺溜'，我的袖口就破了，我不是去看别的车，但这件事你从来就没让我讲完过。"

当女儿讲完这个往事的时候，我眼泪就掉下来了。**我发现不是我们的孩子不爱我们，是我们的自以为是、我们的评估判断和主观臆测阻挡了孩子对我们表达爱的途径。**

如果当时我能耐心问问她："为什么要看车呀？"

她会跟我说："我看妈妈有没有回来。"

这样我就能听到她心里的声音了，她心里的声音是"好希望妈妈回来"。而我一直的认知是："奶奶陪着你不比妈妈陪着你享福吗？奶奶又有耐心，奶奶看过两个小孩了，所以奶奶照看你一定比妈妈更细致，你不会被伤害啊！"

我跟女儿说："妈妈知道了，那个时候你是因为想妈妈，所以袖口才磨破了，对吗？"

她说："对。"

我们的孩子在生活当中很多时候是用语言来表达自己的心声的，但是往往父母因为主观臆断，人为地阻断了孩子的内心表达，所以无论孩子做了什么事，多问一下为什么，他为什么会顶撞你？他为什么会一意孤行地想要做一件事？他到底怎么了？**一个小孩子在表达爱和想法时，没有很好的语言组织能力和表达能力，我们要学会倾听。倾听的要点是耐心地听完，不中途打断他。**有时候，当孩子说的话不是我们想听的，我们就会粗暴地打断他，结果后面真正想听的都没机会听到。表达也是如此，要表达得清晰完整，可以在初期练习的时候多做些确认和征询，以此来判断自己是否理解了对方要表达的意思。比如，孩子讲了一件事，你可以和他确认："还有吗？还想说什么，我在听。"直到他确认已经讲完了，最好不用"讲完了吗？"这样的问句，它会给人压迫、不耐烦和催促的感觉。

接下来，按照你所理解的复述一遍，然后问孩子"我理解得对吗？"或者"我听明白了吗？"。这个征询只和你的理解有关，而不是问"你讲的是这个意思吗？"或者"你是想告诉我这个吗？"。这样说会让孩子感觉你在怀疑他的表达能力。

如果孩子说"是的，你理解得对"或者"你听明白了"，那么就证明你理解得没有偏差，沟通就可以继续进行了。

如果对方说："不是这样的，你理解错了，你老是听不懂我说什么。"

请你不要生气也不要有情绪，因为经过证实，你的确是没听懂孩子的话，允许孩子抱怨一下也正常，千万不要做出这样的回应："是你没讲清楚啊，还来怪我。"这样的沟通就已经失败了。

我们没有听明白在先，即便他真的没有表达明白，他还是个孩子，作为父母要帮助他提升表达能力。另外，想准确了解信息的人是我们，因为我们要通过沟通的方式来解决问题，完成引导式教育。

如果孩子回应你，说你没有听明白，就要进行这一步表示："抱歉，看来我真的没听明白。那你能不能再讲一次给我听，我会努力去弄明白。"

就是这样而已，直到双方确认信息交换准确，再往下进行。

总而言之，放下自己的主观臆断，确保听全、听懂孩子的话。

都说语言是思维的载体，那么表达应该是我们内在的投射，也就是说，脑袋里面想什么，嘴巴才会说什么，心里认定什么，你就会听到什么。我们不能用成年人的逻辑去揣测和判断我们的孩子，否则孩子和我们心灵的联结就断掉了。

小孩子的心思应该是单纯的，他们会直接表达需求和想法，喜欢就是喜欢，不喜欢就是不喜欢；要就是要，不要就是不要，不会修饰掩藏自己的真实想法。而我们家长是怎么做的呢？打击孩子，让孩子不敢说真心话，小心翼翼地迎合父母；或者"努力"教会他说言不由衷的话，教他戴上"面具"，我们以为只是在教他懂得人情世故，于是他就用你教的人情世故来应对你，开始学会迎合和修饰，我们反而不知道孩子的真实想法了。

有一次在地铁上，我旁边一对母子在聊天。

孩子说："妈妈，今天我同桌的小朋友在上课的时候吃糖，嘎嘣嘎嘣吃得很香，你说他是不是坏孩子？"

"没错，他是坏孩子，你可不要学他哦。"

"嗯，我不会的。"

对话结束了，可孩子却显得有些沮丧，因为妈妈没有听懂他内在的声音。我们来重新排演一下这个剧情。

孩子说："妈妈，今天我同桌的小朋友在上课的时候吃糖，嘎嘣嘎嘣吃得很香。"

"真的啊，那他吃的时候你什么感觉啊？"

"我都流口水了。"

"告诉妈妈是不是你也很想吃？"

"是的。"

"好，妈妈马上买给你，因为下课了是可以吃东西的。"

"知道了妈妈，下课可以吃东西，上课就不能吃东西。"

你看，这样的沟通是不是更好呢？

很多沟通是无效的，或者会适得其反，原因在于沟通的双方都停留在自我的认知上，或者对对方的评判中，造成沟通的不畅，引发不必要的对立，解决问题就变成了解决情绪。

再举个例子，一段妈妈和孩子的对话。

"你最近学习成绩一直下降，我得和你好好谈谈了，我们推心置腹地聊一下行吗？"

"行，你说吧。"

"我这么辛苦工作，都是为了你，你得珍惜生活，好好学习才能有出息，知道吗？"

"也不见得吧，很多人没上过大学不也是挺有出息的，你看比尔·盖茨都没上完大学啊。"

"你这孩子怎么这么偏激，那是个别现象而已。这个时代文凭多重要你知道吗？有几个比尔·盖茨啊？你是那块料吗？"

"对，我不是那块料行了吧！你就没认可过我。"

"我倒是想认可你，你总得做给我看吧！看看你的成绩，我都觉得丢人。"

"好了，我丢你的人了，还聊什么？我就这样了，别管我了。"

"你要不是我的孩子，我才懒得管你，早把你赶出去了。"

"好，我现在就走，不用你赶。"

看看这场沟通，从初衷到结果已经南辕北辙了。妈妈起初想要跟孩子推心置腹地聊一下，表达辛苦工作是为了孩子，先给孩子压力，那妈妈背后的目的是什么？

妈妈的观念是："不好好学习就没出息。"

是不是有些执着和偏激呢？孩子的表达一旦没有顺着妈妈，有了自己的想法，妈妈就做不到推心置腹了，马上急着否定和驳回。

双方的沟通开始对立，孩子也陷入评判："你从来就没有认可过我。"

这句话不见得是真相，此刻，以往妈妈的很多赞扬和夸奖孩子可能都忘记了，因为这一刻他能感受到的只有妈妈的否定。这场沟通已经偏离轨道了，可是双方没有任何察觉，对立继续升级直至演变成最后的样子。

妈妈表达的是："我不认可你，是你自己的原因。"

孩子听到的是："妈妈觉得我丢人了，要赶我走。"

妈妈心里的声音是："你是我的孩子，我真的是为你好，我永远都在乎你。"

我们试着把这段对话用另外一种方式重新演绎一次。

妈妈："孩子，最近你的成绩一直下降，你是遇到什么困难了吗，能和我说说吗？"

孩子："我觉得学习也没那么重要，学不进去。"

妈妈："这样啊，我明白了。有这些想法很正常，这个时期学习任务也真的很重，辛苦你了。那你想怎么做？我能帮你什么呢？"

孩子："我就是不喜欢学习。"

妈妈："什么时候开始有这样的想法呢？"

孩子:"很久了,就是初一的时候,总是跟不上进度,心里很烦。"

妈妈:"妈妈光顾着忙,没及时发现你遇到的压力和困难,不过现在知道了。宝贝,你不是不喜欢学习,你是不喜欢跟不上进度的感觉。没关系的,妈妈跟你一起努力,咱们把进度赶上来。"

这段沟通进行下去也许还有很多内容,但是请你相信我,一定是好的结果,我和我的孩子就是这么开始逆转学习成绩的。我们一定要记住,良好沟通的前提是没有自己主观的评判,没有毫无意义的指责抱怨,没有自以为是的训斥和要求。

良好沟通是了解彼此,共同寻找原因,设定解决答案的过程。《孙子兵法》中有一句话:"知彼知己,百战不殆。"在亲子关系中这句话应该是:知己知彼先知心,方能事半功倍。

03

母亲节我想送你一朵花，可是你却打了我

——如何真正读懂孩子的心

爱之不以道，适所以害之也；教之不以理，乃所以愚之也。

我曾经打了女儿一巴掌，她记了我 11 年。

女儿大概不到 6 岁的时候，有一天她在楼下跑，后面跟着住一楼的陈爷爷，拿着个棍子在后面追着她打，我女儿一边跑一边喊："妈妈救命！"

我在楼上听到赶紧跑下楼。

只见陈爷爷一脸的愤怒，说话都已经上气不接下气了："你这孩子就是个祸害，她就是个败家子儿！"

我说："咋了？"

他说："你去看看，把我花园祸害的。"

我去了一看，人家在一楼的小花园里种了月季花，可全部都被铲倒了，几乎没有一朵完整的，我女儿手里捏着一朵，也是掉了几瓣的。

我过去问她："你干吗铲人家花呀？"

父母情绪稳，孩子有底气

她说："我……我……"

我说："道歉。"

她说："我不道歉，他还打我了。"

我命令道："我喊三个数，你给我道歉。"

她还是不道歉，我"啪"的一巴掌就打下去了，因为我愤怒了，因为我被人评判了，人家讲了你的孩子是个祸害，是你没教好，孩子才这样，我被否定了，所以我把愤怒都迁移到她的身上。

这件事过了 11 年，她 17 岁的时候，她说："你总打我。"

我说："没有，我打你是有数的，你有一次把人家陈爷爷家的花园给弄坏了，那次我气死了，你又不道歉，我就把你打了。"

女儿坐在我对面，眼泪"唰"地就落下来了。

她说："你当着那么多的人打我耳光，那一刻我就想死，我不想活了，我就是害怕，要不我就死了，你为什么会打我的耳光？"

我看着她说："因为那一刻我真的控制不了自己，我太生气了，那会儿你咋想的，去把人家花园弄成那个样子？"

她说："不是因为过节了吗？不就是因为母亲节吗？"

那时她跟爸爸说："你能不能替我给我妈买一枝花？"

爸爸说："你妈不喜欢花，不要买了。"

她又跟奶奶说："奶奶你能不能帮我给我妈买一枝花？"

奶奶说："你买那用不着的干啥？你妈有的是钱，想买啥自己买啊，奶奶也找不着花店。"

她很无助。

她说："我拿了个小铲子，我记得陈爷爷家花园里有花，我想铲下来一枝送给你，可是我铲不好，铲了一枝又一枝，最后我好不容易铲来一枝，他就冲出来打我。"

她哭着说："我为了送你一枝花，被人家追着打，然后你还不给我撑腰，你还打我。"

17岁的她一边哭一边讲这件事。

她说："因为这件事我恨了你好久。"

我跟她说："妈妈因为这件事后悔了好久，那一巴掌真的不应该打下去。"

女儿是我这个世界上最亲的人、最爱的人，我怎么舍得她难过。但很多时候我们情绪来了，就什么都顾不了了。很多时候我们都看到孩子犯错，我们从来看不到孩子犯错背后的原因，孩子是为了表达对你的爱。

我对这件事情后续的处理也不好，我找了个花匠，把花园的花种好了。其实我应该带着我女儿亲自动手把花园修好，她就懂得为自己的错误买单和负责任了，那个时候不懂家庭教育，还好今天懂了。一个孩子，她不会故意去破坏人家花园的，她一定有自己的理由，只不过她的理由不被你理解。

我女儿还干过一件事，种照片。她把我最喜欢的一张照片埋在花盆里，我怎么都找不到这张照片，最后发现在花盆里，气得我把她臭骂一顿。我一直不理解为什么。后来她告诉我，是因为她想妈妈，她觉得把一张照片种在花盆里，就能长出一个妈妈来，一个妈妈在家里陪她，一个妈妈出去赚钱，这就是孩子的想法。

还有一件事我记得特别清楚，有一次我手受伤，一根手指断了，那天包着纱布回家后，我就躺在沙发上睡觉。我女儿拿喷壶浇花，不知怎么把我这只包着纱布的手全浇湿了,等我醒来的时候,我整个人都崩溃了。

我说:"你干吗呀,你是不是跟我有仇啊?"

女儿一直哭,她也不会讲为什么。后来我知道了,她觉得手指断了,浇水就能长出来新的,这就是她的想法。

但是作为我来说,还要再跑医院,重新消毒,重新包扎,平添了很多麻烦,所以控制不住情绪。孩子因为善意做错的事情,被我们打击和被我们训斥的次数太多了,因为孩子不会给自己解释,也不知道怎么解释。很多爱,都是因为双方的误解,就变味道了,爱就不是爱了。孩子是要爱你的,结果得到的却是伤害。小孩子没有这样的能力,大人却应该有分辨的能力。

情绪来了,马上停止沟通,告诉自己停,告诉你的孩子:"抱歉,我这会儿有情绪,给我个空间,我去冷静一下,我们一会儿再说,因为我不想和你吵架,但是这件事我们要解决,一定是离开情绪的,给我点时间好吗?我们不谈了。"

我第一次跟我女儿讲这样的话时,她说:"你装什么装?你想喊就喊,你想骂就骂。"

我跟她说:"不是,是妈妈真的有情绪了,我们不能再沟通了,再沟通就对立了,可是我不想跟你对立,给我个空间。"

她说:"爱有没有空间,自己去想。"

我在屋里没一会儿,女儿就"咣咣咣"踢门。

"你好没好啊?"

我说:"我没好,我现在情绪还没平复。"

她跟我说:"我告诉你,你平复了,我平复不了。"

等我平复了，我跟她说："闺女，我现在平复了。"

她说："唉，我也平复了。"

就这样，别让那支箭放出去，不管扎到她的心里还是扎到她的身上，都会有疤痕，无论是肉体疤痕还是精神疤痕，那都是破坏我们情感的东西。

04

只有解放焦虑的妈妈，
才能解放焦虑的小孩

——如何向孩子表达内心，与孩子和解

爱之深，责之切；心之疲，情易伤。解母之虑，方能安子之心。

每一个叛逆的少年背后都有一对非常无助和痛苦的父母，我看到过很多青少年的父母崩溃的时刻。

有一次，我在无锡出差，打算到码头去坐船。路上见到一位妈妈带着姐弟俩，女孩大概 10 岁的样子，她忽然被路边摊位上的一个小毛绒玩具给吸引了，就想停下来看看。

妈妈催她快点走，说：" 弟弟穿得少，赶紧走。"

姐姐站在那里说：" 妈妈，我想看一下。"

这个妈妈当时有点急了，紧接着小女孩小声地嘟囔了一句什么话，可能是触痛到妈妈的哪根神经，"啪"的一个耳光打下来，打得行人都愣住了。

那个大耳光打下去以后，我看着小女孩的反应就知道了，她一定不是第一次被当街羞辱。

那个女孩用手捂着脸，看着妈妈，既没有哭，也没有任何委屈的神情，但那个眼神和拧劲儿，比哭和委屈更可怕。

那个妈妈跟她说："你瞪着我干吗？"

一个10岁左右的小女孩，她当街被自己的母亲羞辱，对于孩子的自我评价和自尊心是一个毁灭性的打击。如果今天她不被父母尊重，她必须建立起一个心理防御机制才能让自己感受好一点，那就是"我不在乎我可以被羞辱，我不在乎我的颜面"，这种防御机制会让孩子失去内在的那份本有的自尊和善良。我当时真的非常心痛，作为一名家庭教育指导师的辅导老师，几乎不会当着孩子的面批评妈妈，通常在现场我都是不干预的，但是那一天我真的没忍住。

我走过去，直接把那个孩子抱在我的胸前，拦了一下那个妈妈，说："你不要再打她了，你没有权利打人的。"

讲完这句话，让我非常惊讶的是，那个孩子"哇"的一下子就哭了，那个妈妈站在我对面，我当时就想，自己这个冲动的行为接下来要怎么办？怎样才能不给这个孩子带来阴影，不让她觉得一个陌生人都比她妈妈更疼她？在我还没有想出来怎么做的时候，令人意想不到的事发生了。

那个妈妈哭了，说："我这一天到晚都快累死了，带着两个孩子出来，你知不知道这两个孩子多闹腾啊！这一路上就跟我搞事情，今天如果赶不上这艘船，明天又要来坐，你都不知道他们要干什么，我不要你们了！"

喊出最后一句话后，那个妈妈就蹲下了，整个人崩溃了。我慢慢地蹲下身子，那个小女孩也跟我一起蹲了下来，我右手抱着她，左手又把她妈妈抱在怀里，那一刻我觉得自己说什么都是多余的，都是生活当中过度地追求快节奏，导致焦虑的负面情绪，让很多人处于失控边缘。

当我抱着那个妈妈的时候，女孩居然伸出手摸摸她妈妈的手，跟她妈妈说："对不起，妈妈，我不该惹你生气。"

我跟那个妈妈说："今天我们不坐船了好吗？今天我们好好聊聊天吧！"

她点了点头，我们找了一个非常安静的地方坐下来，那一天我用了一个"全息"的概念支持这一家几口人，站在每个人的角度去体验各自的焦虑。

姐姐最后讲的一句话是："妈妈，我不恨你。"

那个妈妈说："我也不恨你呀，我生你养你，我怎么会恨你呢？我就恨你淘气啊。"

女孩那句话的潜台词是什么？我曾经恨你，不然她怎么会突然说妈妈我不恨你呢？而妈妈这句话，也让我们找到那个核心的概念："**我不是恨你，我是恨你的淘气，是你的某一种行为惹怒了妈妈，不是你不好。**"我觉得这一句话胜似所有的疗愈，我不断地让那个女孩重复那句话。

然后我问她："所以你觉得妈妈讨厌你的是什么？"

"讨厌我做什么事都中途分心，讨厌我中途不按原先的计划走。"

我继续问："还有呢？"

"还讨厌我学习的时候磨蹭。"

"还有什么呢？"我继续引导她，"学习时候的磨蹭和你中途会分心这两件事是你的行为还是你？"

她回答说："是我的行为。"

"所以是不是妈妈讨厌你？"

"不是。"她扭过头来跟她的弟弟讲了一句话，"弟弟，妈妈不是打你，是打你的错误。"

姐姐讲完这句话，弟弟似懂非懂地说："哦。"

我再看那个妈妈看我的眼神，就知道她学会了，也明白了。

后来我跟那个女孩分手的时候，她说："谢谢你，阿姨。"

我跟她讲了一句话："可能你会觉得阿姨很温暖，觉得阿姨很明事理，但是阿姨没有生你养你，生你养你的是妈妈。"

碰到这样的事情，很多人可能都在为那个孩子鸣冤叫屈，觉得那个孩子好可怜，但是我们设想一下，作为生养孩子的母亲，她怎么会不爱自己的孩子？只是她太无助了。

我们既要理解那些因为错误的爱被伤害的孩子，也要深深地理解那个不想伤害，但因为爱得太深不自觉地去伤害孩子的母亲。因为没有人去关注她的心理健康，当一个妈妈不停地接学校老师的电话："你要管管你的孩子，你的孩子成绩不行，这样的话没得高中上的。"当上班一整天的爸爸，回家把一堆工作上的负面情绪劈头盖脸地甩给这个妈妈："我在外面挣钱，你在家看个孩子都看不好，你把孩子管成这个样子！"没有人关注她。当邻居跟她说："我们的孩子考上985了，你们的孩子考上哪里了？哎哟，连高中都没上啊。"谁能关注作为妈妈的心理压力和焦虑呢？她的内在已经没有力气了，疲于挣扎了，你让她对孩子温柔以待，谁来温柔以待她呢？所以，**解放焦虑的妈妈，才能解放焦虑的小孩**，否则做其他事情都是徒劳。

05

对家的认同感，是培养孩子内核的关键

——如何培养内核稳定的孩子

家之根本，在于先祖之荣耀；教之缺失，致子嗣之迷茫。修身为因，育子成果，祖先之德，不可不传。

关于家庭，我们经常忽视的一个至关重要的家庭功能，便是家族荣誉感，或者说祖先荣耀感。

有一次，一位海归研究生坐在我面前进行咨询。他回国已经三年了，却一直在家中陷入抑郁状态，是他妈妈送他来找我咨询的。

他向我倾诉道："其实我知道我的抑郁症是从何而来的。"

我好奇地问他原因。

他接着说："因为我自卑，这种自卑并非现在才有，而是三年前我刚出国时就已经存在了，我去了一个美丽的国家，目睹了那里的社会发展和精神文明。我看到的都是他们的优秀之处，瞬间就感到自卑。那种被排挤的感觉并非只针对我个人，我们华人留学生在那里都受到了排挤和轻视。"

说完他就直直地看着我。

我感到十分不解，便问他："你自卑什么呢？你来自一个拥有五千年文明历史的伟大国家，你告诉我，你有什么可自卑的？"

我真的无法理解他的想法。

他再次望向我，说："没人告诉过我这个啊。"

我反问道："难道你没学过历史吗？你不了解我们国家的发展历程吗？你去的是一个只有几百年历史的国家，却在那里感到自卑？你流淌着拥有五千年文明历史的华夏子孙的血液，你有什么理由自卑呢？"

当我讲完这番话后，他看着我，点了点头说："也对。"

就是这一句"也对"，让他开始反思自己为什么会自卑。

其实，这种自卑感的根源在于我们家庭教育的缺失。这种教育并非学校所能完成的，也不是靠学校开设的几节德智体美的课程就能培养的，它应该深深植根于家庭教育的根基之中，融入我们的骨髓。我们的孩子是否拥有民族荣耀感？他们是否了解自己的爷爷、太爷爷？是否知道自己的父辈有多努力，祖辈有多么不容易？一个孩子如果拥有坚实的家庭根基，那么他就会有坚实的社会根基和民族根基。这样的孩子不会是一叶浮萍，而是有着深厚背景和底蕴的人。

在过去，我们送出国的人都是在国内非常优秀的人，他们去学习是为了取长补短，回来更好地报效祖国。

所以，我们应当高度重视家庭教育中对祖先荣耀感的培养，让我们的孩子从小就了解自己的根源所在，认识到自己祖先的伟大之处。

我曾给女儿进行这方面的教育。有一次，我带着孩子回老家，我哥哥和孩子聊了很多家里上一辈人的事，说的是事实，但主观性和倾向性很强。因为他没有学过心理学，他只是实话实说，然而实话实说也需要适当的提炼和引导。

在回来的飞机上，孩子坐在我身边。

她对我说："妈妈，我才知道太姥姥那么讨厌。"

我看着她问："怎么了？"

要知道，我的姥姥也是她的祖宗啊。

孩子说："大舅告诉我，太姥姥只认钱，特别吝啬。还说太姥姥为了省5块钱，把你们和我姥姥都赶出家门，太讨厌了！"

我一听这话，心里"咯噔"一下，意识到我的孩子已经开始对自己产生不认同感了。如果她不认同自己妈妈的姥姥，不认同自己的祖先，那么她又如何能认同自己呢？

我坐在那里，对孩子说："这的确是事实，我不能因为保护太姥姥就否定你大舅的说法。不过，妈妈想告诉你另一个视角。"

孩子问我："什么视角？"

我说："你的姥姥，也就是我的妈妈，她是你太姥姥的第四个女儿。太姥姥在那么贫穷的年代，养大了十二个孩子，一个都没送人，而且他们都像你姥姥一样优秀。你知道吗？妈妈身上很多优良的基因都是遗传自你的姥姥。"

孩子听得不由得点了点头。

我继续说："你的姥姥也是太姥姥养大的，所以太姥姥真的很了不起，你知道吗？"

说完这句话，女儿看着我说："我明白了，太姥姥确实很了不起。"

回家后，她开始用同样的方式去看待她爸爸的爷爷，因为别人都说他爸爸的爷爷是个地主，做过欺负别人的事情。但是女儿实在挑不出来太爷爷了不起的地方。

突然有一天，她对我说："妈妈，我爸爸的爷爷是个高鼻梁，所以我今天没有塌鼻梁。"

我们可以看到，正确地引导孩子看待祖先，培养他们的祖先荣耀感，是非常重要的。这不仅有助于孩子了解自己的根源，还能帮助他们建立自信，认同自己。

我说："对啊，你说得太棒了！"

如果一个孩子对自己的父母、祖父母、外祖父母都没有认同感的话，那他不可能对社会、对国家有认同感。因为"根"一定是在家庭里，一个一个的小家庭组成了我们的社会，组成了我们的国家。我们的孩子即使出国，也必须昂首挺胸地走出去才行。祖先崇拜感是我们常常忽略的东西，它的培养一定要在孩子 12 岁之前做完，否则孩子的意识就很难改变了，价值观也很难再塑造。

如果之前没做这些教育，12 岁之后也需要再找机会弥补，就像我跟我的孩子说这些的时候，她已经 17 岁了，那我可能要说 100 遍，可能要我更加身体力行地去做，让她不断地去观察，不断地通过实践去验证，不断地去重构她过去在家庭教育中缺失的部分。**教育是一场父母的修行，是不断修习和行为形成的结果。孩子永远是果，我们永远都是那个因。**

06

我妈说我没常性，
长大才明白那也可以是优点

—— 发现孩子的天生气质，让他们成为自己

子之禀赋，各有其华，不识其光，反以为瑕。爱子之道，在于明察，勿以己见，掩其芳华。

每一个孩子生来便携带着独特的气质，当我们察觉到他们身上的闪光点时，应当摒弃自身的固有认知。有些时候，孩子的某些特质在家长眼中或许并不被视作闪光点，甚至可能被误认为是错误的行为。

我小时候，我妈常常会念叨：" 这个孩子啊，真是一点常性都没有，喜欢个什么东西，过不了两个月就腻了，又去捣鼓别的了。"

然而，她却忽略了我真正的闪光点，那就是对世间万物都充满好奇，兴趣爱好广泛至极。现在的我亦是如此，或许在某一领域并未钻研得十分深入，但我几乎什么都略知一二，这便是我的独特之处。

但在我妈妈的观念里，我这样的行为被定义为缺乏恒心。在她看来，一个人最好的状态便是能够始终如一地坚持做一件事，最好一辈子就干一件事，比如你 15 岁开始学剃头，那 75 岁时还应该是剃头匠，

这才是最好的。

然而，我妈却从未思考过，如果一个人一辈子只会剃头，万一哪天机器人能够完全替代剃头匠的工作，那他不是注定要面临失业的困境吗？因此，我们在培养孩子的过程中，如果过分限制他们的多元化发展，那么他们的闪光点很可能会被逐渐消磨殆尽。

举个例子，如果一个孩子撒谎，这在很多人看来是一个不好的行为习惯，甚至有的父母会认为是孩子的道德品质出了问题。其实在孩子生命的早期，说谎的行为往往来自一种原始的创造力。孩子在什么情况下会说谎？一般在想要做某事但又得不到支持时，或者犯错后想要逃避惩罚时，等等，这与父母的教养方式息息相关。父母的不接纳、不允许或者过度控制，都容易导致孩子说谎行为的发生，需要家长对自己的教育方式引起关注，并及时帮助孩子纠正说谎的行为。但是我们换个角度想，拥有这样创造力的孩子，未来会不会成为一个出色的编剧呢？又比如，一个孩子从小就有自己的想法和主见，这本是闪光的特点，但我们却往往觉得这样的孩子太爱顶嘴、主意太正、太不听话。

孩子身上有着许多我们未能察觉的闪光点。**要知道，闪光点只有在被认同的情况下才有可能被发现。如果得不到认同，那么这些闪光点很可能就会变成所谓的缺点。**

在探寻与发掘孩子闪光点的过程中，家长的角色应当是那位手持明灯的引路人，而非刻板规则的评判者。**我们需要学会穿透被世俗眼光包围的迷雾，用一颗充满爱与理解的心，去照亮孩子那独特而璀璨的内心世界。**

或许，你发现孩子对数字有着超乎寻常的敏感，总能在纷繁复杂的计算中迅速找到答案，这不仅仅是数学天赋的展现，更是他们逻辑思维与问题解决能力的初步觉醒。而这样的闪光点，在不被鼓励探索与试错的家庭环境中，可能只会被视为"奇怪的小癖好"，渐渐被忽视乃至扼杀。

又或者，你的孩子喜欢将身边的事物编织成一个个天马行空的故事，尽管这些故事在你听来可能荒诞不经，但这正是他们创造力的源泉，是对未知世界无限遐想的体现。在这个快节奏、标准化的时代，这样的想象力如同稀有宝石，需要我们精心呵护，让它有机会绽放出最耀眼的光芒。

更有甚者，你的孩子可能显得格外"好动"，总是无法安静地坐定，但这或许正是他们旺盛生命力的象征，是探索未知、渴望体验的冲动。在他们看似无序的行动中，可能隐藏着对体育、舞蹈或任何其他肢体表达艺术的强烈兴趣与天赋。我们需要的，是给予他们释放能量的舞台，而非一味地要求他们"坐有坐相，站有站相"。

发现孩子的闪光点，还需要我们具备一双"倾听"的耳朵。孩子的言语中，往往蕴含着他们对世界的独特见解与情感体验。一句不经意的"我觉得云朵像棉花糖一样软"，可能是他们对美最纯真的感知；一个关于未来的小小梦想，或许正是他们内心深处潜能的初步显露。

更重要的是，我们要勇于打破自己的认知局限，敢于承认并接受孩子的与众不同。每个孩子都是一块未经雕琢的璞玉，他们的闪光点往往以最不起眼的形式出现，等待着我们去发现、去雕琢。这要求我们不断学习，保持一颗谦逊的心，愿意站在孩子的角度去看世界，用无限的耐心与智慧，去挖掘他们独有的价值与光彩。

最终，当我们学会了如何真正地看见孩子，看见他们的独特与美好，那份对生命的敬畏与爱，便会引领我们走向更加和谐、更加美好的亲子关系。而孩子也将在这样的环境中，自由地绽放，成为他们本该成为的那个最耀眼的自己。

07

懂在爱之前，
一位慢慢读懂孩子的父亲

—— 不吼也不叫，怎么让孩子听你的

因材施教，循循善诱，知其心，然后能救其失也。

我在课程中遇到过一个爸爸，他跟我说，不打不骂，不吼不叫，教育就无法进行。

他家小孩4岁，每次回家一进门就把鞋蹬下来，左面踢一只，右面踢一只，甚至被踢到厨房。这个爸爸听我的课，知道孩子在3~6岁时要树立规则感，就跟孩子说："你把鞋收起来。"但是孩子压根不听，爸爸只好改变策略："你把鞋子收好，我给你买棒棒糖。"孩子依然坚持："我不吃棒棒糖，我就不放。"爸爸终于急了，说："我告诉你，我数三个数，你马上给我放回来。"然后这小孩儿看看爸爸，把鞋子放回去了，眼泪也唰地掉下来。

这位爸爸在课堂上问我："老师你说，不吼不骂，我还能怎么办？"

我告诉这位爸爸，很多家长认为吼叫是唯一办法，但是对待一个刚 4 岁的小孩，吼叫一定是下下策。我们试着这样来模拟一下。

看到孩子踢鞋子，你就走过去，跟孩子讲：

"儿子，爸跟你探讨个问题呗。"

"什么问题？"

"爸爸和妈妈是不是一对啊？"

"是一对。"

"那爸爸妈妈要不要分开啊？"

"不分开。"

这里需要强调一下，这个办法的前提是你们夫妻感情很好，如果天天吵架，千万别这么问，否则问完后，孩子直接说分开吧，那就没有下文了，夫妻关系和睦的情况下，孩子一定会说不要分开。接下来我们继续模拟：

"我们的小鞋子是不是一对，可是它们现在分开了，要不要让它们团聚？"

"好耶。"

"那你去找一只回来，爸爸找另一只回来，我们让它们团聚好不好？"

孩子"噔噔噔"跑过去，拿回鞋子放在一起。

"哇！它们两个团聚了，真好，爸爸妈妈也永远在一起陪着宝宝。"

那个爸爸惊叹："哎，我从来没想过还有这样的方法。"

我告诉他："对，因为你忘记童年的你是怎样的了，其实就这么简单，教育又轻松，你又能拿到一个正确的结果，又不会给孩子带来压抑和伤害。只要坚持一个月每天都陪他，你的小孩儿会说你的两只鞋分开了，让它们团聚吧。"

这个爸爸说:"对。"

我继续说:"记住一句话,教育是你做了什么,产生了正确的刺激反应,让孩子能够做正确的动作,而不是你用吼叫打骂的方式逼他去做。"

他兴奋地说:"我懂了,今天晚上回去就试一试。"

第二天那个爸爸又来上课了,他垂头丧气的,我一看就知道方法没生效。

我没先去问他,我说:"昨天我教的方法谁用了?"当时有一个妈妈很兴奋,举手说:"老师,我用了,我的小孩儿第一次把所有的铅笔和橡皮收到文具盒里了。"我说:"嗯,你是怎么做的?"

这个妈妈说孩子从来都是铅笔和橡皮到处乱放,总不往一起收。

那天她问孩子:"哎,宝贝儿,我们一家几口人啊?"

"六口人。"

"我们一家六口人是不是都住在一个房子里?"

"是的。"

"那你的文具盒里面一共有几口人?"

"铅笔一支,橡皮一个,尺子一把……"孩子开始数,"文具盒里有七口人。"

"那要不要让它们团聚,一起住回房子里啊?"

小朋友很聪明,听了就说:"知道你是想让我收文具,不过好吧,橡皮回家了,铅笔回家了……"把文具盒盖上后,他接着说,"文具盒也有家,文具盒的家是书包,放在书包里,书包的家是书柜,放在书柜里。"

那个妈妈感叹:"我为这个事纠结这么长时间,现在竟然这么轻松就解决了。"

那个爸爸听了这话后，依然沉默不语。

家庭教育一定不是一个指导方案适用于所有的孩子，家长一定得学会变通，因为孩子是活的，性格特质都不一样，不是"盐加少许、味精加少许"的简单操作能解决的。

我问那个爸爸："说说吧，你怎么了？"

那个爸爸跟我说："老师，昨天孩子回家又乱扔鞋子，我立马过去跟孩子说话，开始用你教的办法。儿子，爸爸妈妈是不是一对？"

"是。"

"要不要爸爸妈妈分开？"

"不要。"

"那你的小鞋子呢？"

"小鞋子又不是爸爸妈妈。"

听到这儿，我就笑着问："然后呢？"

他说："然后我就放弃了。"

我说："为什么不试着变通一下？"

他纳闷："这怎么变通？"

我说："首先这其实是一件好事，说明你的孩子是一个有独立思考能力的小孩，他很有主意，这样的孩子会很有创造力。所以你让他来引导你——儿子，爸爸真不知道说什么了，刚才为什么跟你做那个比喻，你猜一下？"

"哦，你是想让我把小鞋子放在一块儿。"

"所以如果你是爸爸，你怎么办？"

"放一块儿就放一块儿，有什么了不起的。"

"儿子你好棒啊！爸爸怎么做你才能把它们放在一起？"

"放在一起有那么重要吗？"

"重要，你可能觉得不重要，但爸爸觉得重要，所以儿子你怎么支持爸爸，你怎么能够协助爸爸，你怎么能帮帮爸爸？"

让爸爸觉得重要的事，儿子起码可以配合。他说："有道理，我再回去试试。"第三天他特意跑来告诉我结果。

儿子把手放在胸口，对爸爸说："把手放在这里，然后说'亲爱的王子殿下，请你把你的鞋子拿回来'，我就拿。"

爸爸惊讶："这么简单！"

于是爸爸摆好手势说："亲爱的王子殿下，请把你的鞋子拿回来。"

儿子马上就把鞋子拿回来摆好了，然后开心地回自己房间，晚上还说"王子殿下要睡觉了"。

在面对孩子的时候，父母太多时候思维过于成人化了，其实我们都希望孩子理解父母，但让小孩子理解父母不是痴人说梦吗？我们每一个人都是从小孩子成长起来的，尚且不能理解孩子的想法，孩子没有做过父母，他如何能理解你呢？

有的父母跟三四岁的孩子喊："不要跳上跳下！""你不要这么淘气！"试想怎么可能呢，三四岁的孩子像老夫子一样端坐着，作为父母真的不害怕吗？所以父母要了解孩子每一个年龄段该呈现的样子，就让他自然呈现。我们的规则感就在允许和接纳的前提下，不停地重复建立。做对的动作训练他，过程是愉快的，结果是好的，孩子就同意被你训练，这个训练的过程一定是要经历，并且要持之以恒的。

08

我终于学会做松鼠鱼，也真正看见了孩子

—— 亲子之间如何做到彼此接纳、包容

母爱深沉需时悟，亲子情深始得真。莫待心门紧闭后，方知陪伴是至珍。

今天的孩子不好教导，很重要的原因是普遍存在的一个现象：父母在教育初期的缺席。

我们对抚养的理解停留在物质给予和躯体抚养上，却忽略了心理抚养的概念。很多面临孩子叛逆的家长来找我咨询，都存在一个相同的问题：绝大多数孩子在生命初期都不是父母亲自抚养的，缺乏情感的联结和依恋。

教育的基础无疑是基于人性的，而人性起源于情感，尤其是3岁之前的孩子，如果不是我们亲自抚养的，我们就失去了最初也是最重要的在感知上的沟通和联结的机会。孩子较小的时候情感沟通靠肢体表达，比如拥抱、亲吻和抚摸，包括目光对视和表情传达，这时候他对第一抚养人会产生很难替代的认同和依恋，这种认同和依恋会成为

我们未来教育引导他的基础。

谁带大的孩子谁管，我们去管一下邻居家的孩子肯定不行，因为他和你没有感情基础。这种现象也会在隔代抚养的家庭里出现：父母管教孩子，父母的父母护着孙辈不让管教，即便是孩子有明显的错误也坚决袒护。很简单的道理，你的孩子交给父母抚养的时候，他已经不是你的孩子了，他是你父母的"二胎"——是你的弟弟或妹妹，你失去了管教的权利。父母在养育你的时候为人父母的功课已经做完了，而你成为父母以后，带孩子是你自己的功课，你必须自己去做，否则你的人生答卷不会得高分。所以，**为人父母，在你逃避付出的那一刻，就等于放弃了教育他的权利。**

我的孩子就是如此，由奶奶带大，奶奶是她情感上最信任也最依恋的人。但我以前一直认为自己和婆婆是合作育儿最好的状态，她在家里温柔以待，好好地陪伴我闺女，我在外面顶风冒雨挣钱回来让家里人衣食无忧。直到学习了心理学，我才知道我这个想法错得离谱。

我女儿刚牙牙学语的时候，就冲着奶奶叫妈妈，管我叫"妈妈宁"。其实她已经在提示我了："你没有在应该的位置上，在我心目中你已经不是我妈妈了，如果你不是我妈妈，你凭什么管教我？"

奶奶管不了她，只会宠不会教。于是，该教的时候我回来教，我一教她就抗拒，因为我就像"诈尸型"的妈妈，每次都突然回来，然后就开始批评她的错，所以母女感情也一直不好。

后来她越来越大，到 12 岁的时候，奶奶完全管不了了，我们两个做了一个交接的动作。

她跟我说："孩子从现在开始跟你生活，你才能好好地管她。"

我说："妈，你交给我，我把她一身的臭毛病都扳过来。"

天哪，我太自信了，现实告诉我，这完全做不到。

她来到我身边的时候，跟我说："妈妈，我要吃西瓜，切成丁，放上那个小旗子的牙签儿。"

我根本不惯着她，可是我却忽略了，没有情感积累，没有那份宠，根本不会有后来的教。那段时间我们分分合合，打打闹闹，每天吵架。

只要一吵架，她就讲一句话："你送我回我奶奶家吧，我不要跟你一起生活了。"

好像奶奶那里永远是她的一个退路。我趁她不在家的时候，悄悄给她奶奶打电话。

我说："妈，咱俩攻守同盟啊，我管她，她老想回你那儿。你告诉她，你不让她回去，这样孩子就不会觉得她有退路，就听我的了。"

奶奶说："好，我听你的。"

我记得特别清楚，那天晚上孩子回来，我让她写作业，她就是不愿意写，又跟我吵架。

她说："我回我奶奶家。"

我心想就等这句话了，说："好，明天我就送你回去，你现在给奶奶打电话，告诉她你要回去。"

她拿起电话就打给奶奶，说："奶奶，我妈终于同意我回去了，明天我回你那里好不好？"

奶奶讲了一句话，说："孙女儿啊，奶奶身体不好了，奶奶不要你了。"

听完奶奶这句话，我女儿愣住了，把电话"哐"的一下就摔掉了，回房间关上门号啕大哭。那时我还不懂心理学，我不知道孩子从被宠的环境里走出来是要过渡的。只想着置之死地而后生，却是把孩子的心置到死地了。

从那以后，她也不给奶奶打电话，奶奶也不敢给她打电话，她也不敢跟我说她想奶奶。那一刻，我的孩子把她的心门都关上了。接着我的孩子就开始折磨我，说"折磨"，这形容一点都不过分。举个例子。

早晨出门前女儿跟我说："妈，我中午要吃松鼠鱼。"

"好啊，我中午去接你，我们两个去顺丰酒店吃松鼠鱼。"

"你听错了，我要吃你做的。"

"可是我不会啊。"

"那你还说你爱我，做个鱼你都不给我做，我奶奶——"

"好，你不要讲奶奶，我给你做，你去上学吧。"

孩子出门后，我就想这松鼠鱼怎么做啊，那个时候没有小红书，没有网上视频教程，只能打电话跟一个大厨学，他告诉我要怎么改刀，怎么下锅，但是炸出来扁扁的不像样，就拍照给大厨看，他说家里用的油斗不行。

我女儿放学回来了，我只能说："你给我几天时间啊，等我研究明白了，给你做松鼠鱼。"

第二天我就去买大油斗子。换完油斗又说家里的火不行，就换成火力最大的煤气灶，最后家里的厨房都快变成酒店的厨房了。直到有一天，一条鱼下油以后，"唰"的一炸全立起来了，终于成功了，我开心极了！把松鼠鱼立到盘子里，鱼嘴上叼个樱桃。这时正好女儿回来了，我马上熬汁往上一浇，色香味儿俱全。

我满心期待地等着，结果我女儿进屋就看了一眼，说了一句话："你做的？"

"对啊。"

"有意思吗？"说完她就进屋了。

我寻思这怎么回事啊，我问她："你怎么回事啊？"

"我不想吃了行吗？我想吃方便面。"

那个时候我真的是百思不得其解，不知道我的孩子怎么了，但凡那个时候我懂心理就能明白，她不是要为难我，而是要证实我爱她，只要证实了这一点，她不在乎我做什么给她吃。

我所有的动作都只会让我女儿崩溃，她讲过一句话："你什么不会呀，我从来就不会战胜你就对了。"

直到后来我发现了，证实爱的能力不在于你在生活中满足了她什么，而是在心理上回应了她什么和倾听了她什么。

我终于知道自己走错了方向，我一直在努力地证明我爱她，其实爱很简单，它是关于接纳，它是关于包容，它是关于彼此的懂得。

当我有一天，真正地开始臣服于女儿对我所有挑战的时候，我跟她讲了一句话："妈妈真的知道错了，妈妈真的知道对不起你，我没有耐心陪着你一起扔球玩，没有耐心听你把一段话讲完，没有耐心陪着你长大，我错过了太多，所以从今天开始，我想重新做一个妈妈，你给我一个机会，让我好好地学习如何成为一个合格的妈妈好不好？"

我讲出了一句自己以前绝对想不到的话。

我跟她说："不要离开妈妈，因为妈妈真的很孤单。"

之前我总以为是孩子不能离开我，那一刻我才知道自己为什么抓着我的小孩，因为离婚以后就剩我自己了，我也好渴望孩子的陪伴，那一刻的我是无助的，我的内在是软弱的。可是那一刻的我和孩子真正地联结了。

女儿哭着说:"妈,你放心,我再也不闹着回奶奶家了,我留下来陪你,你也没有亲人。"

这一天我们聊了很久,女儿睡着之前说:"妈,你以前听的一首歌,还记得吧?那首歌叫《风中的雨翼》,里面有一句歌词我特别喜欢。"

"哪句歌词?"

"相信爱,所以相信你。"

那首歌的开头是"黑夜过后太阳就要升起,暴风雨过后也就会天晴"。我小时候有一个玩伴是聋哑人,所以我会很多手语,女儿睡着以后,我就在客厅编了一个手语舞,用了一晚上的时间,第二天早晨起晚了没来得及给她煮饭。

女儿说:"你随便煮一口面给我吃就好了。"

我就随便给她煮了一碗清汤面,她坐在那里吃面,我就看着她。

我说:"宝贝,你吃面,妈给你跳个舞,我昨天晚上编了个手语舞。"

她一边吃面一边笑着说:"待遇越来越高,还有歌伴舞的。"

她也没有多想,然后我就把音乐放起来,站在客厅跳给她看。女儿一边吃面,一边抬头看着我,硕大的泪珠从眼睛里流出来,"啪啪"地落到面碗里。我把舞跳完了,她也哭完了,面也吃完了。女儿把碗端起来,连汤喝下去,然后把碗放在桌子上,说:"好了妈,我去上学了。"

那一刻我才发现,我们用尽一切办法证实妈妈爱女儿,但其实爱就是爱,简单得不得了,没有那么复杂。有的家长说我的孩子就是不领情,她一直就认为我不爱她,其实是我们平时爱的样子被教育的焦虑给掩盖了。

从那以后，女儿再也不为难我了，有时她会说："妈，你要不要给我做个拔丝地瓜？"

我跟她说："今天可以做。"

她说："太好了！"

有时她说："你要不要给我做个松鼠鱼？"

我说："今天不想做。"

她就跟我说："好吧，我再等几天。"

就这样而已，她再也不为难你，为什么？因为她心里在乎你，因为你在乎她，在乎她的每一个感受，在乎她犯错以后的每一次自责，在乎她遇到困难的时候，你有没有给她一份支撑，这份在意才是真正的爱应该有的样子。

09

我的"中央美术学院梦"，不想让女儿为我实现

——真正让孩子如其所是，成为自己

教之道，贵以专，然更贵以尊子之独性，顺其天以致其才，方能两相成就也。

我们在教育孩子的过程中经常犯一个错误：经常想教会一条鱼爬树。尊重孩子并不是单纯满足个体的物质需求，而是尊重个体的生命自由度，我们很多家长意识不到这个问题。

孩子刚刚出生的时候，我们做父母的是全身心地利他的状态。看着那个襁褓中天真无邪的小孩，我们升起的第一个想法都是近似的：只要他健康快乐地长大就好。可是随着孩子慢慢长大，我们开始不断地把个人欲求添加在教育的过程中，添加在"爱"中。欲求是无休无止，不断增加的：他好好学习就好了，他琴棋书画都会就好了，他再聪明一点就好了。我们不断地企求，却在企求中不断地失望，这种失望会让我们在欲求不得的时候恼羞成怒。我们开始打骂、训斥孩子，开始要求、控制他，开始压抑他，结果因"爱"给我们的孩子带来一

次一次的伤害。

作为父母，我们确实应当深刻反思：我们对孩子的爱，是否真正出于利他之心？事实上，很多时候这份爱更多地带有利己色彩，是为了满足我们自身的期望与意愿。我们常自诩"爱孩子"，却要求孩子按照我们的设定去成长，忽略了孩子才是自己人生的掌舵者，是他们生命航程的船长。作为父母，我们的角色应当是引领这艘生命之舟驶向广阔的海域，然后放手让它自由航行，而非过度操控，束缚其发展。

因此，在亲子关系中，"无我"的真谛在于摒弃个人的固执己见，放下个人的认知局限，以及所有的私欲与要求，以一种无私无求的心态去支持、陪伴孩子。这才是真正有益于另一个生命成长的态度。当下的父母必须加速自我成长，跟上新时代孩子的步伐，提高爱的频率，用更高频的能量去教育和引导新时代的孩子，才能有效地陪伴、协助、引导并唤醒他们内在的潜能。否则，生活将以痛苦作为代价，既教育孩子，也教育我们。

在现实生活中，无论是爱孩子还是爱父母，我们都容易陷入自我执着的陷阱，给予对方我们认为对的东西，而非他们真正需要和渴望的。这样的爱，最终会成为对方的负担。因此，我们需要放下"我以为"的固执，努力去同理对方真正的需求与想法。爱，绝非控制、强迫、占有或压抑。怀胎十月，孩子呱呱坠地，我们与之目光交会的那一刻，内心自然涌出的爱一定是无私而纯粹的，愿意为他付出一切乃至生命。然而，当我们开始自以为是地为他安排一切，认为这都是为了他好时，问题便悄然浮现。我们在不知不觉中，按照自己的意愿和执着，去规划他的人生轨迹。这其实是通过孩子来实现我们自己的梦想和期望，这样的爱，已经偏离了"无我"的本质。

我女儿是学美术的。她3岁的时候，有一天吃早点，用手指蘸着粥汤在桌子上画了只小鸭子，我觉得我的生命都开花了，因为我遗落的梦想就是考上中央美术学院，这是我从小就有的梦想。我发现我的孩子遗传了我画画的天赋，瞬间狂喜，我发挥出此生最高效的执行力，下午就给孩子报了一个少儿简笔画班。

我跟女儿说："咱们学画画，你未来一定能成为一位杰出的画家。"

坐在房间的角落或者是窗前静静地画画多好啊！那种生命状态是我始终渴望的。从那时开始，送女儿去学画画，我真的是风里来雨里去，而且找最好的绘画教师。

我女儿给我画的第一幅肖像画居然像电影《功夫》里面的包租婆，一手叼着烟，另一手举着狼牙棒，狼牙棒是砸下去的，身边还飞舞着好多苍蝇，小苍蝇画得十分精致，每只小翅膀都画得很好，画的下面写着我的名字，连名带姓"王立宁"，放在她的书桌里。我收拾书桌的时候看到那幅画，简直气疯了，因为我是一个非常注重个人形象的人，在外面也算得上是个优秀的人，始终是被人尊敬的，可是我在自己女儿眼里，居然是这样一个形象。

我把画放在一旁，坐在她房间里等着她放学，心"怦怦怦"地跳。

女儿放学回来，我问她："我培养你是为了糟蹋我的对吗？你画的这是什么？"

那天我真的有太多的愤怒，都扑向我的孩子。

她一边哭一边说："我错了！我知道错了，我再也不画了行不行，我把你画成仙女行不行？"

后来那幅画被我永久地保存了下来。

我跟女儿说："我永远给你留着，作为你的黑历史。"

十几年了，从一开始只是敢怯怯地黑我一下，悄悄地跟别人吐槽一下，一直到明目张胆地对立，后来有一天她彻底爆发了。

她攥着拳头跟我说："我不喜欢画画，是你逼我的。"

我跟她说："你讲点理啊，闺女，当时我给你报了美术班，又给你报了舞蹈班，舞蹈是你自己放弃的，对不对？"

她说："你好虚伪啊，我星期六去跳舞，星期天去画画，星期六跳舞回来，我跟你说我好累，你说咱不学了，把我的舞蹈鞋、舞蹈裙全都送人了，就这么痛快。可是星期天我画画回来，我也跟你说我累啊！你怎么说的，你说累也得累死在画室里。"

是啊，当孩子的方向和你不谋而合的时候，你会大力地支持他，但是当他的方向和你不一样的时候，我们就做不到全然地支持，会选择性地忘记了孩子的生命也是独立的。我们在教育的过程中经常犯一个错误，我们经常想教会一条鱼爬树，让猴子学会去飞翔，这都是不现实的，但是因为我们喜欢飞翔，就忽略了孩子本身这个个体本来的样子是什么。

后来，在我学习了心理学之后，当我理解了这个概念的时候，我不再逼着女儿去画画了。我的那个儿时遗落的梦想，不应该由女儿替我实现，她本应该自由追寻她生命里的光亮。而女儿在没有了我的逼迫之后，经历了高考前更换专业的兜兜转转，最终还是回到了美术专业，但是这一次，她是在被允许做选择的前提下，发自内心地奔赴。

我女儿高考前，有一次命题考试结束后，她回来跟我说："妈妈，创意美术的命题考试，我要么就是零分，要么就是高分。"

我顿时不解："为什么会这样？"

她说："因为题目是'纸上的玫瑰'，让我们随便画，随便创作。"

我好奇地问:"那你画了啥?"

她说:"我画了一张你80岁的照片,妈妈,如果评委懂得我的用意,可能就会给我高分,否则可能会判我跑题。"

我说:"不管评委给你多少分,妈妈给你100分。"

她看着我,忽然笑了,说:"妈,满分是150分。"

听完我也笑了,说:"那我们等结果就好了。"

她那次的创意考试如果被判为跑题的话,那一年的艺考就没有可能了。但是果然,唯有爱能带来永远的惊喜。

一个星期左右,招生办给我打电话说:"我们想要特招她。"

我瞬间惊喜万分,但语气依然平静:"为什么?"

"因为她的创意美术感动了我们所有评委,我们从来没有这么被一幅画感动过,画的是你80岁的照片,命名是'纸上的玫瑰',如果一个妈妈能成为孩子心里最美的玫瑰,这个孩子心灵一定是很美的。"

我跟评委说:"太好了!感谢你们。"

回家以后,我跟女儿说:"你的两幅画是我人生颠覆性的两个阶段。"

从我没有做好母亲这个角色,到我开始认真地去完成这个角色,我发现是孩子在一路引领我。

生命的动力源于哪里? 是我能够做我自己,我做的事是我热爱的,否则的话,它就是一份生计而已。如果我们的爱是有藩篱的,那就意味着我们的爱是一口井,我们的孩子就是井底的那只蛙,他不可能跳上井沿,他看不到井外的广阔蓝天。**所以说到底,新时代的父母真正要做的是从心理上、从精神上、从情感上去尊重孩子,尊重生命的自由才是对孩子真正的尊重。**

10

高考的前夕，我陪着女儿换专业

—— 陪伴与接纳，帮孩子找到生命的活力与热爱

海阔凭鱼跃，天高任鸟飞，敢于放手，方能展翅，让孩子自由逐梦，方显生命之彩。

一段极为动人的文字如此描述 ——

在青春的路口，曾经有那么一条小路若隐若现，召唤着我。

母亲拦住我："那一条路是绝对走不得的。"

"我不信。"

"我就是从那条路走过来的，你还有什么不信的？"

"既然你能从那条路上走过来，我为什么不能？"

"我不想让你走弯路。"

"但是我喜欢，而且我不怕。"

母亲心疼地看我好久，然后叹口气："好吧，你这个倔强的孩子，那条路很难走，一路小心。"

踏上旅途后，我发现母亲所言非虚，那条路确实崎岖难行。我碰

壁，摔跟头，有时碰得头破血流！但我含泪前行，终究还是挺了过来。

但假若母亲以死相逼，阻止我前行，那所谓的爱便成为我生命的枷锁与束缚，那条沉重的链条名为"我爱你，我为你好"，紧紧地将我缠绕。

人们都说给孩子自由选择的空间，但我们给孩子可以选择的空间实际上是很狭小的，是在我们认同范围内的给予。我一直觉得在自己转变之后，给了孩子很多自由选择的空间，可是当女儿快高考的时候，当她从辍学、厌学一直到成功复学，她的专业成绩和文化课都越来越好，我发现，成绩越是提升，她就越不开心。

我问女儿："要高考了，你成绩也不错，为什么却不开心呢？"

她跟我讲："妈妈，其实……唉，算了，你别问了。"

她想说又不说，证明她有纠结，她一定是判断了自己要说的内容不是能够被接纳的，所以我要消除她这个顾虑，她才会敞开心扉。

我说："没有关系，你告诉妈妈，无论你讲什么，妈妈都能接纳。"

女儿终于开口："妈妈，我一想到我未来考上大学，还有以后从事和美术有关的工作，我就不太开心，因为我真的不太爱画画，但是学也学了十几年，不画又可惜了……"

我很认真地看着女儿，询问她："如果以前我没有学家庭教育，我们的感情不这么好的时候，你不跟我说，我能理解，是因为你怕妈妈，但是我们已经平等沟通三四年了，为什么你才跟我讲？"

孩子接下来说的话，到今天我回想起来都很动容。

她说："妈妈，我以前是不敢讲，这三年我是不舍得讲，我知道美术是你的梦想，我知道上中央美院是你的梦想，你为我做了那么多，如果能用我的青春换你的梦想，我想我愿意吧。"

2 · 觉醒：与孩子重新联结

女儿讲完这句话，我发现有的时候对立是伤害，有的时候爱的过度回报也是一种伤害。我看着我的孩子，非常坚定地跟她讲了一句话。

我说："你相信妈妈是个有能力的人吗？"

她说："我相信。"

我说："如果你相信，现在这一刻，你把我的梦想还给我，你自己去追逐你的梦想。妈妈跟你承诺，妈妈60岁退休，不做讲师了，60岁的时候我会去学画画，我会成为一个很好的老年画家，我的梦想由我拾起，不是由你去补偿，所以你告诉妈妈你想做什么。"

她瞬间就兴奋了。

她说："哎呀，来得及吗？"

我说："来得及啊！你才十几岁，怎么来不及呢？"

她说："我特别想做脱口秀演员，我特别喜欢那个感觉，我去做脱口秀演员行不行？"

我说："可以啊，你们艺校有美术班，也有表演班，你就考表演班好了。"

当时还有三个月就临近校考，校考是先考专业，然后才考文化课，专业考不上文化课就不用考了，大学就无缘了。于是我带着她去美术班退课。

我跟美术老师说："我们想转专业。"

美术老师看了我一眼说："你没事吧，还有三个月就校考了，她现在转专业，转哪个专业她也考不上，而且我告诉你，她学美术这么多年了，这个班级里17个孩子，你女儿是最有能力冲击中央美院的，我绝对不会放她走。"

我跟我的女儿说："你确定吗？"

她说:"确定。"

我说:"我们要坚持吗?"

她说:"要坚持。"

我回过头跟美术老师说:"老师,谢谢你对我孩子的培养和认可,我能理解你不想放,你有17个孩子,但是我只有一个,我不希望她一生不快乐,拜托帮我们签字,我们要转专业。"

美术老师最后看着我说:"真的拿你们没办法,我理解不了。"

签完字,我们就去表演班报名——学校是私立的,可以自由选择。

表演班的老师跟我说:"你和孩子做了一个挺危险的选择,还有三个月,她从基础发声开始练习,学播音主持专业,如果她考不上一流的学校,你知道你孩子未来就业的方向是啥吗?"

我问:"啥?"

他说:"可能就是做一些大卖场的促销主持,搞一些婚丧嫁娶的主持工作。你想过吗?你这么好强,孩子如果是那样的结局,你能接受吗?"

我回过头问我女儿,我说:"闺女,你有心理准备吗?"

她说:"我知道,我愿意试试。"

我回过头跟老师讲:"如果孩子选择在天桥卖艺,第一个给她鼓掌的一定是我,因为我是她娘。我决定了,支持她转专业。"

那个老师看着我,也动容了。

老师说:"好了,既然你有这个决心,我签字。"

我女儿转专业以后,我看见她每天对着镜子练习"八百标兵奔北坡",练得喉咙沙哑,那段时间我一直给她做润喉的食物。她每天奋起直追，可是三个月以后还是落榜了，毕竟时间太短了。没有考上大学，她很沮丧。

我跟她讲："我们考之前也预料到了，只不过是拼一下，那现在没考上，你怎么想？"

她说："妈妈，你可不可以再给我一年时间，我再复读一年。"

我说："当然可以了，如果我的主观让你浪费了十年的青春，那么现在一年算什么呢？妈陪你，没事儿，咱再考过。"

于是她又开始学播音主持专业，结果半年后有一天她特别认真地找我谈话。

她说："妈，跟你谈个大事儿，你——你——你挺住啊。"

我说："妈妈基本能挺住，你讲吧。"

她说："妈，我想转回美术专业。"

我看着她，说："等会儿，我冷静一下。"冷静了一会儿，我跟她讲，"宝贝啊，我今天晚上跟你的专业老师沟通一下，如果你的播音主持专业的成绩还不错，我同意你转，如果你播音主持的专业成绩不好，我就不同意你转。"

她说："妈，我明白你的用意，你是怕我逃避。"

我说："对，我怕你在追逐梦想的过程中，因为害怕困难而选择放弃。如果不是这样，那你告诉我你为什么要转回去。"

她说："我每次路过一楼的美术画室，看见我以前坐过的那个位置，我会隐隐地心痛。我发现当我被你逼的时候，我以为是你逼我画画，可是当我能自由选择的时候，我发现我也蛮喜欢画画的，毕竟画了那么多年了。"

我说："那好啊。"

我晚上给老师打电话。

我说:"老师,我女儿播音主持专业成绩如何?"

他说:"不错。"

我说:"那考中戏你觉得有戏吗?"

他说:"我觉得你女儿有戏,最起码有八成的把握。"

我说:"那我们要转专业。"

老师蒙了,说:"啊?"

我接着说:"我们要转回美术专业。"

老师在电话那头明显沉默了一下,无奈地说:"我都不想问你为什么,反正你们也不太按常理出牌,那明天你上学校申请转专业吧,流程你也熟悉,就是还得重新缴费。"

之后我帮女儿申请转回美术专业,那个美术老师看我的眼神,真的是充满嫌弃。

我说:"我们申请转回来了。"

他说:"你知不知道你干了啥?你就是一念之差,让你的孩子比别人错过了一年,和她同届的现在都已经在上大学了,她还得在这儿复读,你是不是浪费孩子的时间?"

我的语气略带歉意,但是毫不犹豫地回答他:"我宁可用这一年不让她后悔一辈子,老师,谢谢你,实在是抱歉!"

老师不置可否:"哎呀,没啥抱歉的,你们自己的事情自己做主。"

回来了不到一个星期,美术老师给我打了个电话。

他说:"我现在承认你做的是对的。"

我说:"为什么?"

他的语气有点高兴,又透着点惊讶:"这次回来孩子变了,她画的画有生命力了，以前她的画就是很工整，匠气十足，每一笔都很认真，但是就觉得少点什么，现在她坐在那里画画的时候，你能感受到她是全身心投入的，她和画笔、画纸都是有联结的，是有情感的，她为自己画了。我真的觉得她虽然离开了半年多的时间，但是她的画完全没有退步，特别好！"

那一刻我意识到了，我们真正做到放飞生命是很难的，我们很难放下自己的认知。但是如果你真的敢放它，它势必会飞翔，因为它只能飞翔。后来女儿写了一张小字条压在我书桌的玻璃板下：

"亲爱的立宁女士，你是我生命中的灯塔，没有你这样的母亲，我将不存在！"

当我看见那张字条时，眼泪夺眶而出。而我清晰地记得，那一刻滑过面颊的泪水是甜的。**我明白了爱的意义：没有压抑、没有要求的爱是多么舒服的一件事，那才是养育子女的天伦之乐。**

因此，我们应当明白，在教育孩子的过程中，放下个人的功利以及自以为是多么重要。鼓励孩子勇敢地做真实的自己，并告诉他："妈妈永远是你坚强的后盾。"

我的女儿是我生命中的珍宝，在她面临选择时，我总是告诉她："孩子，请深思熟虑，你需要我为你提供什么，我都会无条件地给予。"

我如同自助餐一般，给予孩子丰富的选择，从鸡鸭鱼肉到蔬菜水果，再到各式饮品，皆任她挑选。我绝不会强迫她接受，更不会强行灌输，因为我深知在教育孩子的过程中，我扮演着怎样的角色。我生育孩子，并非为了控制她、要挟她、打骂她或摧毁她，而是为了与她共同成长。

在家庭教育中，方法与技巧或许易于掌握，但运用时却可能遇到重重困难，事倍功半。这皆因我们未能深入了解家庭教育的真谛与核心——了解生命的真相并给予尊重。那生命的真相，不正是独立与自由吗？如果我们的教育目标是剥夺孩子的自由，那么这份爱便将成为他们生命的枷锁与束缚，使他们的生命失去色彩与活力，因为他们被一条名为"我爱你，我为你好"的链条紧紧束缚，我们绝不能让这样的事情发生。

我女儿上大学后特别有意思，她是美术专业里唯一一个懂播音主持的。反而因为这个尝试，她多了一个可能性，多了一个展现自己的机会，所以在大学期间很多活动都是她来主持的，因为她训练过。所以在她就业的过程当中，她的美术天分、她的播音主持天分，甚至是她打游戏的天分都能用得上，都是综合能力的体现。如果条件允许，让孩子多一些尝试。难得年少，偶尔"轻狂"是可以被允许的。如果我们能够托住孩子的轻狂，让孩子在成长过程中体验自由选择、坚持自我、独立自主，那不是一件很好的事情吗？

今天，女儿早已经毕业，也到了适婚的年纪，有自己的梦想和空间。我往返于各地讲课，我们依旧是聚少离多，却拥有着一份远在天涯又近在咫尺的亲密联结，就像是这个世界另外一个角落里，还有一个你自己，正在以不同的年龄、不同的方式经历着另外一种生命体验！

11

我和姐姐踩过的水坑，度过的快乐日子

——如何构建孩子的心理韧性

时移势易，教子之道亦须变；心之哺育，重于物之供养。

为什么过去的孩子能打，现在的孩子却打不得了？我想讲这样一个故事。

小时候我和姐姐有一次犯错，被妈妈打了一顿，我们俩跑出家门，外面正在下雨，路上有小水坑，我一踩水就溅到我姐身上，她"嘎嘎"地乐，接着同样踩水溅我身上，我们肆意玩闹。上一刻的痛苦，被这一刻的快乐瞬间抵消，心态得到了很好的平衡。

再沿着胡同继续走，遇到了前院的包四。

他垂头丧气地看着我俩说："你俩干啥呢？"

我俩说："挨揍了在这儿踩水，今晚都不回家了，晚上去山洞里住。"

包四说："对对对，我也不回家了，你看俺爹给俺打的……"

我们三个人彼此玩闹，互相安慰，负面情绪就不翼而飞了。

等到真的天黑，小孩子哪里真的敢去山洞，情绪得到有效的发泄，心情好了自然就回家了。

这是以前，那么现在呢？今天的孩子挨一顿打，可能会导致心理创伤，甚至抑郁，因为他们能够借以平衡的因素太少。环境不一样了，那些由临时刺激所产生的恶性事件，很大程度上都是因为孩子没有心理缓冲的机会，所以才会演变成悲剧。作为父母在教育的过程中要慎之又慎，尽量避免短时间给孩子太多的刺激，不要突破孩子自我平衡和恢复能力的极限。

再举一个简单的例子。

今天的孩子被打后，不是去找朋友发泄来分担压力和痛苦，而是被要求回房间反省。当孩子回到房间，就会陷入精神反刍的状态，他在想自己刚才被打得有多疼，父母骂他的时候有多凶，眼神有多可恶，父母有多不爱自己……

孩子只能想到这些东西，没有其他事物来转移注意力，也没有其他途径来平衡压力、释放痛苦，只能一遍一遍地痛苦反刍。父母平日里对他的精心照顾、体贴关怀，这一刻反而视而不见了，因为这些早已习以为常了。

以前我们小的时候，在缺乏父母关注的环境中成长，偶尔得到的关爱会让我们倍感珍惜和感动，会牢牢记住那份温暖和爱。过去解读爱的标志之一就是食物，我爸出去开会十多天，回来以后带了一个苹果，那个苹果皱得像奶奶的脸一样。

我爸喊一声"闺女"，然后把苹果在身上擦一擦，继续说："爸开会发了个苹果，没吃，给你拿回来了。"

那一瞬间，我觉得爸爸好爱我啊。你看，就这么简单。但现在完全不一样了，你把苹果削好皮，切成块插上带旗子的牙签，端到孩子面前，他可能会说："你好讨厌啊，进我房间敲门了吗，别打扰我。"

可以看到，现代社会家庭教育方式与孩子心理需求之间的错位，以及不同时代背景下孩子对爱的感知差异，让我们必须改变以往对孩子的爱的方式和能量。在物质丰盛的今天，对待孩子更应该注重养其心，心理哺育的重要性不言而喻。**孩子在成长过程中，除了需要物质上的满足，更需要情感上的滋养与关怀。然而，遗憾的是，懂得情感，并能及时呼应的家长并不多。**

12

情感关系畅通，教育才能发生

——如何做到真正顺畅的情感表达

亲恩难量，误会易结；坦诚相待，骨肉可和。

我曾经遇到过这样一对母子：母亲当时已经60多岁，儿子也40多岁了，母子俩20年没有说过一句话。他们家共有两个儿子、一个女儿，女儿是最小的孩子。为了促成母子两人和解，妹妹把她的母亲和哥哥骗到了我的课堂现场。

小女儿说："我们单位领导的亲戚是讲心理的老师，领导给我们派了任务，要是不去，就扣我两个月的工资。"

母亲疼爱女儿，二哥也疼爱这个妹妹，于是妹妹就分别单线联系这两个人，成功地把母亲和二哥骗到了亲子课上。母亲当时坐在第一排，二哥则坐在最后靠门的角落里，那是一个随时准备逃跑的位置。在课上，二哥一直用眼睛瞟着他的母亲，那一眼看似充满了嫌弃，但实际上心中满是想接近母亲的渴望。那种心理状态，可能只有心理咨询师才能看懂——那是想建立联结的渴望。

一上午的课程，特别是关于亲子关系的部分，母亲一边听一边流眼泪。在课程之后的现场谈心会环节，我走到了那位母亲跟前。

我说："阿姨，您告诉我，为什么您会这么难过？"

她说："我就是失败啊，我养了个儿子，20年不肯回来看我呀。"

我说："那您能告诉我具体发生了什么事吗？"

她说："我家里老头儿的工作给了他大哥，他就因为这件事20年都不回来看我。"

我听到一个音量特别大、特别委屈的中年男人的声音："不是这样的。"

我跟所有的人说："请等一下，我们现场做督导，来，那位先生，请你走到前面来。"

他走到前面来，我看见他一脸的愤怒。

我跟他说："发生了什么事？妈妈不要讲话，这位先生，你告诉我发生了什么事。"

他情绪稍微有些激动地说："我真的不在乎那个工作，我真的不在乎爸妈把那份工作给谁，我最在意的是他们骗我，偏向我哥就算了，还欺骗我。"

说到这里，他可能意识到自己过于激动，平复了一下心情，继续说："我从小就觉得在家里和哥哥的待遇完全不同，妈妈很偏爱哥哥，给哥哥的更多。当时爸爸要办退休，退休以后有一个人可以接班，那个年代找工作是非常难的，尤其是正式工。当时我高中刚毕业，我没想抢着接班，就想着在社会上找个工作算了。有一天我妈跟我说，儿子，上你姑家玩儿两天去。我还挺高兴，就去我姑家了。结果我在我姑家玩了几天回来以后，刚到胡同口就碰见我的一个同学。这个同学说：'哎呀，你个傻狍子，你出去玩两天，你爸的工作给你哥了。'那一刻我气蒙了，有一种被戏弄、被欺骗的感觉，我才知道为什么我妈突然让我去我姑家玩儿，就是怕我捣乱，怕我跟大哥抢那个工作。于是我立刻往家里赶，我很想知道为什么！"

男人说到这儿瞥了一眼母亲，继续说："我进屋就问我妈，我妈没给我任何解释，20 年了，她没给过我任何解释。我伤心的不是那个工作，现在做生意我也小有成就啊，我一样很好，这么多年钱不都是我通过我妹妹捎给她的吗？我没少给她一分！"

妈妈听着小儿子的话，身体一直微微颤抖着，想要说什么却强忍着。

我问这位妈妈："您来告诉他发生了什么，您所知的那一部分。"

这位妈妈颤抖着嗓音道出了这个故事的另一面。小儿子出生以后，全家就把所有的焦点都放在小儿子身上了，有一天爸爸出差，大儿子突然发高烧，妈妈想带大儿子去医院，小儿子一直哭闹着就是不让她走。妈妈为了不让小儿子哭，一直拖到天亮才去医院，结果大儿子的病情被耽误了，因此落下了残疾，以后学习也一直不好。

她说："我一直觉得愧对我大儿子，所以那会儿，俩儿子要选一个接班，我们就商量好了——把家里攒了十几万的存款给老二，他最聪明，脑袋灵光，让他去做个买卖，工作就给老大。"

妈妈停顿了一下，叹了口气又说："可是老大死活都不干，非不愿意接他爸的班，说要把工作留给弟弟，实在拗不过啊。"

后来，老两口儿实在没办法了，就商量把弟弟骗走，跟大儿子说："姑姑给弟弟找到工作了，弟弟去上班了，你接班吧。"

"老二那天跟疯了一样，进门就砸东西，就骂我，说我心里没有他，说我把工作给老大了，说我偏心就偏心，为什么还把他当傻子。那一刻我真的很伤心，我什么都不想跟他解释了，我养了个白眼狼。所以我跟他说，既然你说我心里没有你，我们不要做母子了，你就滚吧！"老人家的语气已经哽咽，情绪愈加激动，"我怎么也没想到，一句气话，他真的扭头就走，再也不原谅我这个妈了！"

老太太讲完了，我看向那个儿子，他坐在那里，一脸不可置信地看着老母亲。

他只问了一句话："妈，你真的觉得我是最聪明的，我是最有出息的那个人吗？"

妈妈仿佛用尽全身力气大声地说："那不然呢？我和你爸把十几万的全部积蓄都给你准备好了。"

妈妈讲这句话的时候，那个儿子整个人呆住了。

我跟他说："无论过去了多少年，欠的道歉都要讲，欠的拥抱都要做，你要庆幸这一刻你有机会偿还。"

我讲完这句话，儿子再也忍不住了，扑通就跪下了，眼泪像决堤的洪水一样涌出，抱着妈妈的腿，号啕痛哭。

"妈，你为什么不告诉我呢？我一直以为是你不要我了，我一直以为你心里只有哥哥。对不起妈，我错了，是我的错啊！"

妈妈抱着儿子的头，一直捶他后背，同样痛哭不止，泣声说道：

"妈也错了，应该先跟你说的，可是我真的没想到会变成这个样子。20年了，我每次想起你，心里就像针扎一样痛。妈没别的愿望，就盼望你们几个孩子都好，妈死也能闭眼呀！"

母子相拥的画面让现场近百人都忍不住流下感动的泪水。

最后我跟在场的所有学员说："下课以后请你们回家，请你们好好地问问你的爸爸妈妈，还有什么真相是你不知道的，还有什么没有给对方解释的机会，还有什么一直存在的误解，让你远离了那份本来就有的爱。"

迟到了整整 20 年的道歉，人生能有几个 20 年？太多时候，我们都会陷入自己的认知里，这样会阻碍彼此之间的交流和互动。我们总认为自己亲眼看到的就是真相，根本不能站在对方的角度去听听对方的想法，随之陷入对立的矛盾中无法化解。

我的女儿总觉得妈妈在外面从来不想她，也从来不关心她，更不会在乎她在家里过得好不好。她认为，只要我人不在，心一定就不在。但其实，所有身为父母的都知道，无论自己身在何处，心里始终都会牵挂着孩子。然而，我的孩子却并不明白这一点。

前一段时间，她跑过来看我，陪我住几天。她养了一只小猫，小猫在家里跟她感情特别好，离家前，小猫就托给朋友代为照顾。她每天晚上跟我聊天的时候，都会打开手机看小猫的视频，看小猫的照片。

突然有一天她看着我，但是不说话，我问："怎么了闺女？"

她想了想，才说："妈妈，我小的时候，你不在家的时候，你会看我的照片吗？"

"当然会啊。"

她马上问："真的？"

我看着她很认真地说："真的。"

"那你会看我哪张照片？"

"你有一张小时候没有穿上衣的照片，就穿着一条绿色的大短裤，光着小膀子，一身的小肥肉，头上扎着很多的小辫儿。"我形容了以前常看的一张她的照片，并且告诉她，"那张照片在我钱夹里都被摸烂了。"

我女儿惊讶地说："什么时候的照片，我怎么一点也不知道？"

我说："你这次回去，我告诉你在哪儿，你去找那个皮包，就在里面的夹层。"

后来，我女儿回家以后，她真的就去翻这张照片。

找到皮包，从夹层里取出照片，然后第一时间给我打电话说："妈，那张照片真的磨烂了！"

我说："闺女，当然是真的，妈在外面想你的时候都看。"

她讲了一句话，道破了为人父母的那种心酸。

她说："那为什么你就不能告诉我？"

我说："妈觉得不能跟你说这些，因为我怕你难受，所以我不表达。"

那一刻，女儿说："可是二十几年我不知道你不在家的时候会想我。"

"怎么会不想呢？"

那一天，我在电话里还跟女儿讲了另外一件事。

有一次我在重庆出差，家里来电话说女儿出去玩的时候感冒了，引发了肺炎，始终高烧不退，现在被送进医院。知道这个消息后，我立马让人买好了返程机票，要连夜回去看女儿，但是雷雨天导致飞机一直延迟。工作中的我向来冷静从容，但是当时我简直都快急疯了，只能一趟接一趟地去问机场工作人员究竟几点能起飞！

当时的手机是大哥大，用的是电池，根本没办法在外面充电，换了块备用电池也快耗光电了。我焦急地往家里打电话，询问孩子到底怎么样了，家人说孩子已经在医院输上液了，让我别担心。但是作为一个母亲，女儿突然生病住进医院，自己却不在身边，怎么可能不担心不害怕。

我告诉女儿："妈妈当时就恨不得自己插上翅膀飞回去看你，但是等到快凌晨一点的时候，广播里说这趟航班取消了，所有人回去明天等通知。"

航班取消后，我在机场的大厅里，蹲在地上"嗷嗷"地哭，回不去的那份着急真的无法用语言形容。

听完，女儿再一次问我："为什么？为什么这些从来没有人跟我说？"

很多时候，父母难免会出于各种原因短暂地离开孩子，但是我们好像从不表达对孩子的思念，从来也没有在一个遥远的地方打电话问问孩子，跟孩子讲一句："你现在过得怎么样啊，你好不好啊？哎，妈妈昨天还看你照片，还在想你。"因为我们羞于启齿，以至于孩子就会觉得爸妈人不在，心就不在了。

任何事情总有例外，有一个孩子给我的印象很深刻，当时我做心理咨询五六年了，接触到一个十七八岁的男生，他看上去就特别有安全感，而且很阳光、很积极。我跟他聊天，话题自然而然地谈到他的父母。

让我没想到的是，他居然跟我说："从小到大，在我成长的过程中，爸爸都不在我身边。"

"你爸爸是做什么工作的？"

"我爸爸是一名边防战士，每天在一个海岛上巡防，一年我有两次机会可以见到我爸：一次是过年的时候，我爸会回来在家待半个月左右的时间；还有一次就是夏天，妈妈会带我去那个海岛，大概待两周的时间。我每年就这两次见我爸爸的机会。"

"那你和你爸爸的感情怎么样？"

"我和我爸感情特别好！我感觉我们两个就像忘年交一样。"

"那是为什么？你和你爸爸的情感联结是靠什么建立的，就一年两次的短暂见面吗？"

"当然不是啊！老师你知道吗？我的家里有几百封信，爸爸每个星期都会寄一封信回来给我。"

当时我突然验证了一个概念，就是"在生命里你的物质体缺席的时候，你的精神体和情感依旧可以不缺席"。

他说："我童年时最温暖的记忆就是妈妈晚上开着台灯，坐在书桌前给我念我爸爸的信，或者给我爸爸回信，到现在我还记得那个台灯的样子。那个时候我还不会写字，所以我想说什么，妈妈就专门为我写一封信。"

"那你跟爸爸都说什么？"

"有好多可以说，想说什么就说什么，只是纸张篇幅有限，比如今天我有一个小鸭子玩具漏水了，或者哪个玩具破掉了，我特别伤心！"

"那你妈妈呢？"

"我说什么，妈妈就原封不动地写上去，然后寄给我爸爸，一个星期以后，我爸爸就会回信，回信的时候就会跟我说：'儿子，爸爸知道了，你那个小鸭子玩具破了，一定很伤心，爸爸跟妈妈说过了，我们再找一个一样的玩具给你好不好？'"

"那爸爸写信都跟你说什么？"

"爸爸会说'今天我站在海边,我看到了一只海鸥,就想起你奔跑的样子,爸爸就想,现在你可能跑得很稳了吧'。"

后来他长大了,不断地看爸爸写的信,他知道爸爸虽然不在身边,但是一直记挂着他、爱着他。爸爸会在心里想象儿子的样子,会告诉儿子今天在海岛吃了什么,生活中发生了什么,日落的时候会想象儿子骑在自己肩膀上大笑的样子。

他说:"爸爸一直寄这样的书信过来,那几百封书信表达的都是情感。"

"那你爸爸有没有写信质疑过你,问你学习好不好啊,或者是考试考得好不好啊?"

"几乎没有,每一次成绩单寄给爸爸的时候,爸爸都会说儿子特别棒!你一定很努力。"他又回想了一下继续说,"一直都是这样,直到我15岁的时候爸爸从海岛调回来,但是我跟我爸没有任何的违和感,就好像他从未离开过。"

所以,虽然这个爸爸在儿子的成长过程中缺席了十多年,但是他的情感从未缺席。他没有表达"我不能回家的无奈",而是一直在表达"**我不能回家是个事实,但是我对你的思念从未停止过,我对你的爱和关照从未停止过**"。

这一点我真的完全没有做到,我在养育女儿的时候,说的从来都是"妈妈没有办法,我必须在外面出差,我陪不了你啊"。我一直在表达我的无奈,实际上在我表达无奈的背后,我女儿有自己的解读。

她的解读就是:"一定是我不重要,所以妈妈选择自己的工作,选择出差,因为我不重要,所以妈妈才不回家。"

后来,我才知道那个爸爸做到的是什么:**他表达的不是他离开的**

无奈，他表达的永远是我对这个家的思念，我对儿子的思念，我对儿子妈妈的思念，而思念里面蕴含的都是力量，是暖暖的力量。

所以，一个家庭，情感的表达太重要了。很多时候父母是不跟孩子表达感情的，也是不表达思念的。可能很多时候我们忘记了，自己和孩子最初的联结就是爱，而爱真的是需要被润色的。

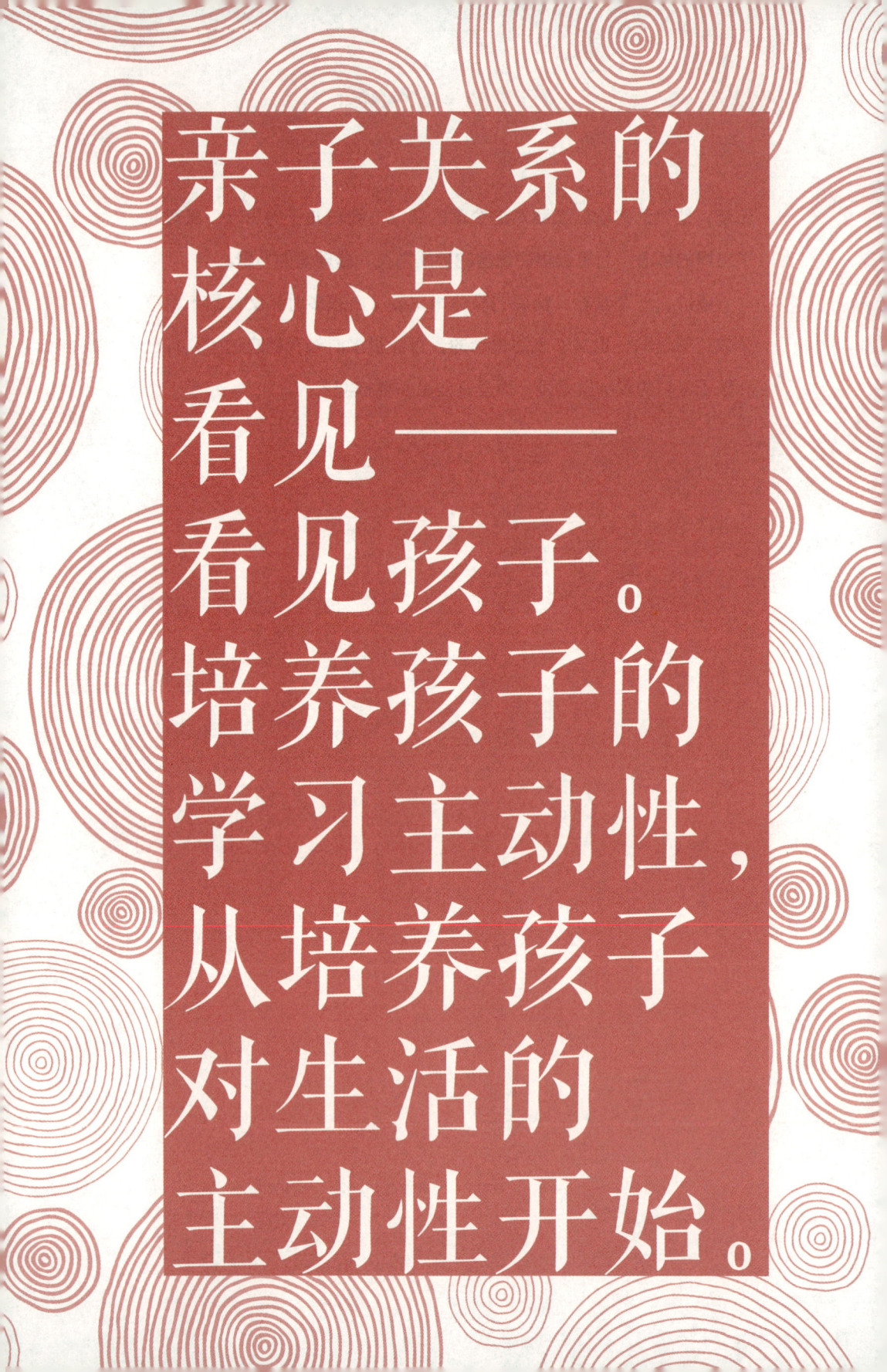

亲子关系的核心是看见——看见孩子。培养孩子的学习主动性，从培养孩子对生活的主动性开始。

·3·
允许
唤醒孩子的自驱力

在浩瀚的知识海洋中，每个孩子都是一艘独特的帆船，承载着无限的可能与梦想，向着未知的彼岸缓缓前行。然而，在这段漫长而曲折的航行中，并非所有的帆船都能一帆风顺，也并非所有的孩子都能自发地扬起风帆，追寻那璀璨的知识之光。很多时候，他们需要一股来自内心深处的力量，一股无须外界鞭策便能自我驱动的力量，这便是学习内驱力，它如同孩子生命中的灯塔，指引着他们穿越迷雾，勇往直前。

学习内驱力的源泉，在于孩子与知识之间建立的良好情感基础。正如我们对待生活中的每一份热爱，都源自内心的真诚与认同，孩子对于学习的态度，同样需要建立在积极的情感体验之上。在孩子的成长初期，尤其是小学一、二、三年级，我们的任务是帮助他们爱上学习，让他们在学习的过程中体验到快乐与成就，从而形成积极的自我评价。这种评价不应仅仅停留在他人的赞美与肯定上，而应源自孩子内心的自我认知，是他们对自己学习能力的信任与自豪。

当孩子面对挑战，勇敢地迈出尝试未知的步伐时，他们需要来自父母的鼓励与支持。这种鼓励不仅仅是言语上的赞美，更是行动上的陪伴与引导。我们要嘉许孩子的努力与尝试，看见他们做对的每一件事，巩固他们的正确行为，并鼓励他们勇敢挑战自己不会的领域。记住，孩子的学习是一个三部曲：动机、过程、结果。而真正的学习内驱力，恰恰源自过程中的情感体验与能力提升，而非仅仅是对结果的追求。

在这个过程中，父母的角色至关重要，我们既是孩子学习的支持者，也是他们成长的引路人。但支持并不意味着控制，而是要在孩子需要时给予恰到好处的帮助。**试着观察、理解孩子的需求，以引领式、观察式、协助式的方式干预他们的学习过程，让孩子在自主探索中感受到成长的喜悦。**

同时，我们也要认识到，每个孩子都是独一无二的个体，他们有着不同的兴趣、天赋与学习节奏。正如兔子善于奔跑，老鹰擅长飞翔，我们不应将聚光灯只聚焦在分数与名校上，而应鼓励孩子去追寻自己内心的热爱与梦想。**允许孩子在学习上有差异，尊重他们的个性与选择，让每个孩子都能在自己的领域里发光发热。**

当孩子对学习产生抵触情绪时，我们首先要做的，是理解他们的感受，找到问题的根源。有时候，孩子厌学的背后，隐藏着对父母错误认知的反抗，或是对学习压力的逃避。这时，我们需要调整自己的教育方式，用爱与耐心去引导孩子，帮助他们找到学习的乐趣与意义。

此外，我们还要重视对孩子学习态度的培养，以及学习方法与习惯的养成。6～9岁是培养孩子学习最重要的年龄段，这三年里，我们通过正确的引导与训练，可以为孩子打下坚实的基础，让他们在未来的学习生涯中更加游刃有余。

总之，自驱学习是孩子成长的必经之路，也是他们未来成功的关键。作为父母，我们要做的是，用爱与智慧去点燃孩子内心的火种，让他们在学习的道路上自信前行，不用扬鞭自奋蹄。

01

让兔子去奔跑，让老鹰去飞翔

——允许孩子在学习上有差异

因材施教，各遵其性；勿以一律，求全于童。

　　我们不能用一个刻板且唯一性的 100 分标准去衡量和要求所有的孩子，因为每个孩子在学习上都具有其独特的差异性和潜力。家长们往往难以接受的是，学习不够优秀或对学习缺乏热情的孩子恰好是自己的宝贝，而内心期望中那个优秀且热爱学习的孩子似乎是"别人家的"。然而，一个班级里考第一名的只有一个，难道剩下的几十个孩子就无法继续生活和发展了吗？

　　我们需要学会中立且客观地看待自己孩子的综合能力，而不是一味地追求他们都能考上 985 或 211 等顶尖学府。这样的期望既不现实，也过于片面。逼迫孩子学习只会适得其反，可能会让一些本来学习基础尚可的孩子对学习产生厌倦，甚至放弃学习。

　　实际上，养育子女的过程中，应当自然而然地发现并培养那一部分需要通过学习实现自我成就的孩子。对于这些孩子，我们应提供最好的学习条件，确保他们不会出于经济或其他原因而辍学，从而通过教育实现自己的梦想。而对于其他大部分的孩子来说，学习或许只是一种经历，他们应该被鼓励去追寻自己热爱的事情。无论是上职高、专科还是大学，每个孩子都应根据自己的兴趣和特长做出选择，这样自然而然地形成了一个分流的过程，孩子生命的动力都不会被压抑或破坏。

现在家庭教育最大的问题在于，我们对不热爱学习的孩子施加了过大的压力，从而破坏了他们生命的动力。 所有的父母都希望自己家的孩子是雄鹰，飞得越高越好，怎么可能？如果这个世界全都是老鹰，没有鸟，那么世界将多么可怕。甘于平凡的父母太少了，但实际上如果一个生命被允许平凡，他一定会在平凡里创造不凡。如果是孩子喜欢的，是他热爱的，是他愿意钻研的，他一定会绽放异彩。一个生命不怕他没有高光，就怕他一生都没有经历过精彩。我们过于关注那些聚光灯下的985、211学府和满分成绩，却忽视了每个孩子独特的成长轨迹和生命价值，这是多么可怕的一件事。

女儿有时跟我一起出去时，周围的人会说："你看妈妈那么优秀，孩子看着很普通。"

但在我眼里，我的孩子是独一无二的，这种独一无二才是最重要的。她从我身上遗传的最优秀的特质就是豁达，但她没有遗传我的能力。因为她没有经历过我过去那些锻炼能力的坎坷，所以我就不要求我的孩子成为钢铁战士。成为钢铁战士就得去战斗，给她穿上盔甲了，她就得上战场，对吗？她现在享受自己的生活不好吗？

她现在正享受着属于自己的生活节奏，难道这不是一件极好的事吗？我一直坚信，生命的价值在于追求并实现自我。

然而，女儿轻声对我说："妈妈，也许我这辈子都会很平凡。"

那一刻，我深深地理解并接纳了她这份对平凡的坦然。

我微笑着，温柔地回应她："很好呀，孩子，平凡并非意味着不好。"

她继续向我描绘她的理想生活："你知道吗？我最向往的日子就是每天认真工作，足以养活自己，然后在下班后拥有属于自己的自由时间，可以去做喜欢的事情，去享受生活。也许，在你忙着讲课的时候，我正惬意地观赏着夕阳的美景呢。"

听完她的话，我内心满是欣慰与认同。

我对她说："真的很好，孩子，这样的生活状态太棒了！你就勇敢地去做自己，成为那个心中最真实的你。当你沉浸在夕阳的余晖中时，别忘了叫上我，我也想感受那份宁静和喜悦。当我全身心地投入工作时，你就默默地为我加油，给我力量。当你去享受那份悠闲的时光时，我会满怀祝福，愿你每一天都充满欢笑。"

其实，这不就是生活的本质吗？**我们不应过分地控制孩子，更不应试图通过他们来满足自己的某种期望或愿望。真正的教育应当是充满人性关怀的，它尊重孩子的独特性与选择，让他们能够自由地追寻属于自己的幸福与梦想。**

当我们能够放下对孩子的控制与期望，真正地接纳并理解他们时，教育才会真正地实现人性化。这样的教育，能够培养出健康、快乐、自信的孩子，让他们在未来的道路上，更加勇敢地去追求自己的梦想与幸福。

所以，家长们，请允许孩子在学习上存在差异，为他们营造一个更加宽松、自由、人性化的教育环境吧！让他们在这片天地中自由地成长与发展，成为他们真正渴望成为的模样。让我们以更加开放和包容的心态看待孩子的成长和教育，让每个生命都能在自己的舞台上绽放光芒！

02

找到伤害孩子学习动力的罪魁祸首

——如何保有孩子最初的学习天性

顺木之天性以致茂，如其所是而自安。

人生七苦，生、老、病、死、怨憎会、爱别离，最苦的是求不得。我们有时候总思考该怎么把我的孩子培养成我要的样子，但通过别人实现你的期望，几乎是求不得的。每一个孩子都有自己天生的气质，如果他具备"社牛"的特征，稍稍加以培养，他就"社牛"了。你不太可能把一个本身"社恐"的孩子变成一个"社牛"，但是你可以把一个"社恐"的孩子变得不"社恐"，在他原有的基础上科学地培养。我们尊重孩子的个人特质就好。

有的时候，家长之所以期望孩子长成自己想要的那个样子，有几个原因：第一，自己成不了，所以就希望孩子是这个样子；第二，显示自己的权威，我通过教育孩子成功，证明我是一个优秀的家长。所以很多时候，家长会不自觉地让孩子成为自己的某个战利品，或者是某个可炫耀的奖杯。

·3· 允许：唤醒孩子的自驱力

有一位母亲曾向我倾诉："我家孩子真是让我头疼极了，他说他喜欢钢琴，每次看到别人的钢琴都恨不得贴上去。我一看他这么喜欢，心一软，就给他买了一架好几万的钢琴。结果现在，他却不学了。"

我问："你曾因为钢琴打过他吗？"

她回答："倒是打过。"

我又问："那你因为钢琴骂过他没？"

她叹了口气说："哎呀，当然骂过，那也没办法啊！"

我接着说："那就对了，所以你孩子现在才不学了。你花几万块钱买的钢琴，最后却成了你打骂他的理由。"

她辩解道："不是啊，我风里来雨里去地送他去学琴，付出了很多。"

我问："你是想让他成为郎朗那样的钢琴家吗？"

她回答："没有啊，我就希望他多一个兴趣和爱好。"

我点了点头说："那就是了，既然是兴趣爱好，考级不考级又有什么关系呢？你为什么那么着急，还要打他呢？你让他享受音乐，不就变成真正的兴趣爱好了吗？"

她却说："但人家郎朗的爸爸妈妈可不是那样培养的，他们为了培养孩子付出了很多心血。"

我告诉她："郎朗之所以成为郎朗，不是因为他的父母做了什么特别的事情，而是因为他们恰好做了适合郎朗发展的事情。每个孩子都是独一无二的，我们不能盲目模仿别人的教育方式。"

因为他是郎朗，所以他才是郎朗。像郎朗父母那样培养孩子弹钢琴的人多了去了，但又有几个能成为郎朗呢？同样，丁俊晖的父亲发现了孩子打台球的天赋并全力支持他，但又有多少孩子打台球却默默无闻呢？我们无法决定孩子最终会成为怎样的人，但我们可以选择用怎样的方式，去支持他成为自己想成为的样子。

一次偶然的亲身经历令我印象颇深。

有一次，在北京的某所大学，国外的乐队来进行一场交流演出。我们的大学生乐队需要提前上台摆放各种乐器和谱子，每一个位置都精准无误。之后，穿着统一服装的大学生们整齐划一地行礼、上台、站好，一起迈腿，各自坐在指定的乐器前，认真地演奏起乐曲。演奏的过程确实很不错，中规中矩，但总觉得缺少了点什么。

而当另一个国家的孩子们上台时，他们没有排队，也没有提前摆放乐器，每个人都背着自己的乐器，像一群快乐的小鸟一样冲上舞台，随意地找位置坐下。他们演奏的乐曲我也听不出具体的曲风，但当音乐响起不到20秒，家长们就站了起来，所有人都被他们的音乐所感染，跟着节奏律动摇摆，心中涌起莫名的喜悦。

可以明显感受到那些孩子是在享受音乐、玩音乐，而我们的孩子只是在表演音乐，两者在生命的灵动性的体现上截然不同。这一刻，音乐厅内的所有人都被他们的音乐所带动，现场氛围热烈而美好。这些孩子没有一个是拘谨的，他们完全不在意观众的目光，只是沉浸在音乐的世界中，那一刻，他们的生命是绽放的。

有时我们在教育孩子时太过刻板。我曾去一位老师家拜访，他的孩子珍妮大约4岁。我和珍妮的奶奶正在聊天，钢琴外教老师就来了。但奶奶并没有让珍妮过来跟老师问好，或者嘱咐她要好好坐在那里弹钢琴。

·3· 允许：唤醒孩子的自驱力

老师一进来，珍妮就大声喊道："杰瑞老师好！"

杰瑞老师也热情地回应："珍妮好，我都想你了。"

老师换上鞋子后，坐到钢琴前，而珍妮并没有立即过去，还是在冰箱后面玩。

老师弹了几个音符后，问道："珍妮？"

小珍妮在冰箱后面回应："干吗？"

老师说："什么调？"

小珍妮回答："C大调。"

两个人就这样开始了钢琴教学，没有刻板的坐姿，没有手势，什么都没有。我看到那种教学方式非常自由放松，孩子过了一会儿抱着老师的脖子拼命往后仰，老师就把她举得高高的，然后把她抱在腿上，两只大手和两只小手在钢琴上跳跃。教学时间进展到一半，孩子就安安静静地坐在老师旁边学习，教与学的过程非常和谐。

这样自由放松的教学是可以被允许的，而我们的教育方式却往往过于刻板。孩子还没开始弹琴，就因为姿势不对被骂了无数次。这就是为什么我们的孩子都不快乐。无论是打球还是踢球，一旦喜欢上什么，就马上被家长的功利心所束缚，喜欢的东西都得比赛、考级，都得比别人强。

家长时常会陷入一种误区，总想着如何把孩子培养成自己期望的模样，忽视了孩子原本的天性，这其实已经偏离了教育的核心本质。

03

我用一个改变，助力孩子跨越学习障碍

—— 如何真正成为孩子学习的支持者

教育不是灌输的过程，而是点亮火焰的过程。

一般孩子从 6 岁开始进入学校，人生就多了一项任务，就是学习。而恰恰学习这件事是最不能当任务去完成的，要当成兴趣、责任、对生活的态度去体验。是否能按时完成功课，做好自己该做的事，把困难和障碍当成进步的阶梯，养成为自己负责的良好品质，这都和父母的支持密不可分。这个时期父母如果能用心给予孩子有力的支持，9 岁以后孩子的功课真的就不需太费心了，因为他已经找到学习的方法和乐趣，进入了一个良性的循环。我们通常是等到孩子学习成绩明显下降了，才开始着急解决问题，可这已经是结果了，起因通常是源于父母早期在学习上没有很好地支持孩子。孩子的行为能力和自控能力在这个时期是比较弱的，他们会犯错误，会贪玩偷懒，找不到学习的方法，这些都很正常，往往是父母的不当管教，在学习上给孩子造成了阴影。

·3· 允许：唤醒孩子的自驱力

我们都希望自己的孩子是神童，一上学就能好好学习，认真完成功课，科科都考出优异的成绩，还非常有礼貌、有才华。但这样的概率实在太低了，孩子的成长和进步往往需要通过精心的培养才能实现。

我的女儿在复学后，遇到了很多课业上的难题。那些题目对我来说就像无字天书一样，完全看不懂。

过去当孩子表示学不会时，说："这道题我根本就不会做。"

我以前可能会说出一些伤害她的话，比如："你怎么这么笨，别人都会做，就你不会，你上学都去干吗了？你的脑袋是用来吃饭的吗？"

现在回想起来，那些话真是既没营养又没帮助。在学习的过程中，我应该是一个协助者，而不是打击者。如果我一直用这种方式对待孩子，那简直就是在扼杀她的未来。

那个时候的我好愚昧、好无知啊，当我再次看到孩子因为难题而苦恼，坐在那里使劲地挠头时，我轻轻地问她："女儿，你怎么了？"

她告诉我："这道题我不会，妈妈。"

现在的我深吸一口气，努力平复好自己的情绪，然后温柔地对她说："那怎么办呢？"

她反而会埋怨我，说："都怪你，我们同学的妈妈是数学老师，人家有什么题一问就会了。"

这时，我不会再像以前那样严厉批评，而是会承接她的情绪，给她情绪价值。

我告诉她："妈妈现在也很后悔，如果我是老师，就能帮你解决所有的难题了。但妈妈不能重来一次，不过没关系，我们出去喝杯果汁吧。"

她烦躁地说："喝果汁也不会啊。"

我笑着回答:"反正现在也不会,我们就去喝杯果汁,缓解一下心情吧。"

离开那个让人紧张的场景,我们坐在外面,边喝果汁边聊天。

我告诉她:"闺女,这道题真的好难啊,别说你了,我看着都难,我都看不懂。"

她深有感触地说:"就是,现在的题目都太难了,而且我总觉得以后都用不上。"

听到这话搁以前我直接就给她撅回去:"你别胡说八道,净说些歪理,学校教的以后肯定能用上。"

但是此时,我点点头说:"是啊,有些题目确实看起来很难,但是我们现在就是这样的教育体制,就是得学,而且学到脑子里的知识总会有用处的。"

我不再像以前那样与孩子对立,不再直接强硬地否定她的想法。

我告诉她:"虽然现在的教育体制可能有些不尽如人意,但我们还是得努力学习。不过,如果你学不会,也别太担心,我们可以一起找方法解决。"

见她沉默不说话,我想了想,又问她:"你们班上有没有人会这道题呢?"

她立刻警惕地看着我,问:"你啥意思啊?"

女儿为什么会反应这么大,因为过去我总是拿同学跟她作比较,说:"人家都会,你也是人,为啥你不会?"

现在我会笑着说:"闺女别紧张,妈妈没别的意思,只是想了解一下情况,你看妈妈也不会,那是不是有会的同学,我们可以去寻求帮助。"

·3· 允许：唤醒孩子的自驱力

她却问："这样你不觉得丢人吗？"

你看，这是谁给她的概念？其实也是我给她的。

以前放学回来了，她说："妈妈，我不记得今天的功课了，你帮我问问。"

我说："我丢不起那人，你自己都不记得，上的是什么学。"

其实当孩子需要你协助的时候，你就协助她一下不就好了吗？每次都是一堆抱怨和训斥，她是未成年人，你得协助她，你不协助她，她怎么长大呢？我们愿意一口一口地喂孩子吃饭，却不愿意给他们任何精神支持，这不是很奇怪吗？

这时我跟女儿说："不会的，妈妈只是想你不会做的话，可以问同学，同学如果教会你，他自己也会有成就感。况且这有什么丢人的呢？每个人都有不会解决的问题。"

她说："那我问问。"

同学收到求助后说："你来我家，我给你讲。"

我开车送我女儿去同学家，这是父母对孩子的一种合理支持。

到了同学家楼下，买了点水果带上楼，没想到我的挑战又来了。那时候我刚学心理学，在单位算得上是说一不二的人，至少我身边的所有人都是这么认为。

一开门，同学的妈妈一脸怒其不争的表情看着我，然后说："是来问题的吗？"

我就说："啊，是啊。"

"早干啥了！"

我顿时觉得这位妈妈不太好惹，此时我女儿也一脸紧张地看着我。

我微微弯腰，对这位妈妈说："抱歉，打扰你了哈。"

她说:"你们来的路上,我儿子说你闺女数学才考几十分。"

我说:"啊,是。"

"你说你这妈怎么当的,你早想啥了,你现在才来问题?我儿子刚做完作业,这会儿又来问题。"

我点头哈腰:"对不起,对不起,打扰你和孩子了。"

这一刻的我只有一个念头:放下我所有的面子。因为这一刻我女儿的需求最重要,高于一切。

我强行把腿迈进屋去,挤进去也得让我女儿问这道题,因为她遇到困难了,如果我不帮她,谁帮她?我没有能力直接帮她,需要别人帮她,那别人的妈妈说两句又如何,我完全扛得住,所以我带着女儿进去了。

那位妈妈跟我说:"坐。"

我立刻坐下了,特别乖。她倒了一杯水,我拿起来就喝。我女儿进了同学的屋子里问题。这个妈妈就开始教训我,用她完全没有心理学基础的认知,向我传授家庭教育的经验。

她半炫耀半指责地说:"我儿子从小学习都是我陪着学的,三年级以后我就不管了,因为他都养成学习的好习惯了。你们天天就忙,也不知道忙啥,不管孩子。你不管她,孩子自己能成才吗?"

这种时候,不要关注指责的话语,要听出话语中的重要内容:我没因为学习的事打过孩子,也没骂过孩子,但是我也没忽略过学习这件事。孩子已经养成学习的好习惯了,现在学习根本不用家长过问,也不用管。

接下来,她就一直训我,我就在那儿一边听一边附和,脸青一阵红一阵。

· 3 · 允许：唤醒孩子的自驱力

虽然我扛得住，但我女儿有点受不了了，她在屋里听同学讲题，不时地回头看我，她很紧张，生怕我跟人吵起来，因为她了解妈妈的脾气。

我悄悄地给她比了个手势，意思是告诉她："没问题，妈可以挺得住。"

40分钟，那是我为她唯一能做的。

走的时候，那个妈妈终于给了我一句安慰："这么多来问题的，你的态度是最好的。"

我没有多说什么，只是在心里悄悄地跟自己说："没办法，除了态度，我还有啥？啥都没了，教育的权威没了，教育的效果没了，孩子的分数没了，也只能剩下好态度了。"

回去的路上，我看出女儿闷闷不乐有心事，但是她会了一道题，应该开心才对。

到了家，我问她："闺女，你为什么还不开心啊？"

她说："妈妈对不起，我不争气，害你这么要强的人，还得被人家数落。"

她讲完这句话的时候，眼泪就滚下来了。

我一把就把我女儿抱过来了，说："妈妈不冤，人家说得对，我过去真的只要结果，从来不参与过程，只知道逼你，我从来没帮过你，所以今天她训妈妈一点都不冤。最关键的是，妈妈再也不会犯这样的错误了。"

我女儿说："你放心吧，我以后再也不找他问题了。"

她在乎我了，为什么她在乎我？是因为感受到妈妈在乎她呀。

过去考不好的时候，破罐破摔的时候，她冲着我大喊："你出去跟别人说吧,你是优秀企业家,我就是这样的,就丢你人了,怎么了?我不是你亲生的行了吧!"

因为她不在乎你,你伤心,你哭,你号啕,你跺脚,没有用的。

我气得跟她说:"你知不知道妈妈心都蹦出来了,就是让你气的。"

她满不在乎地说:"哇!那蹦出来我看看哦。"

那个时候她不在乎你生不生气,因为她感受不到你在乎她。

虽然内心满是感慨,但我还是说:"那你不找他,又有问题不会怎么办?其实妈妈没关系的,下次那个阿姨应该就不会这么训我了,我进步她就不训我了。"

女儿信心满满地说:"那我也不找他了,我有我的办法。"

隔了几天,我到学校去接孩子回家。

数学老师看见我就说:"你孩子咋了?你给她打啥鸡血了?"

我纳闷:"我啥也没打啊。"

老师说:"真的,你那孩子最近太离谱了!"

老师滔滔不绝地跟我说,感觉这些话憋了好几天,我这才知道女儿最近的变化有多大。

这是一个男老师,前几天上洗手间,从隔间一出来,就看见我闺女拿着习题,在男洗手间的洗手盆旁站着。

老师大惊:"你上男洗手间来干啥?"

女儿说:"这题我不会。你给我讲一下。"

然后她就把习题册摁在洗手盆台面上让老师讲解题目。

老师有些无语:"你等一下,我回教室给你讲。"

女儿说:"不行,回去那么多人问你,我就捞不着问了,老师你就在这儿给我讲,讲明白了再走。"

· 3 · 允许：唤醒孩子的自驱力

数学老师跟我讲到这里，又忍不住说："哎呀，我真的是太尴尬了，第一次在男洗手间给一个女生讲题。"

两个人讲题的中途，有个男生进来上洗手间，一进来看到这场景就愣住了。

我闺女就对那男生说："你上你的洗手间，别管我们。"

然后两个人就继续在那里讲题，到中午吃饭的时候，老师上食堂打饭，我女儿就在后面跟着，一路跟到办公室，两个人把盒饭各自放在身前，习题册放在中间。

我闺女说："老师，这个题你给我讲一下。"老师就一边吃饭一边讲题。

说到这里，老师还是忍不住吐槽："题讲完了，你女儿也把我饭盒里的肉挑了个干干净净。"

我说："老师，你真生气还是假生气？"

老师说："当然假生气，那咋会生气？看到学生爱学，当老师的肯定开心啊！"

把女儿接回家后，晚上我就炖了一大锅排骨。

吃饭的时候，我跟女儿说："明天你还要中午去找老师问题吗？"

她说："要问，我好多不会的。"

我说："今晚炖的排骨，我装好一盒，明天你带上，你分给老师吃。"

后来老师发现我做饭好吃，中午经常找我女儿一起吃午饭，这也是对孩子的一种支持啊。所以父母给孩子的支持不见得是刻板的东西，不见得非得自己上手辅导，你可以带着孩子去问，去虚心求教，比如说亲属里有谁能辅导孩子的，你多带孩子去问问。**让孩子形成一个概**

念，就是我的困难和障碍不是我独自去面对的，我有父母的支持，辅导功课和陪伴学习就变成了一件积累感情的事情。

很多家庭之所以会一辅导功课就破坏感情，是因为我们用错了方法。教育差什么？心与心的距离。不是我用了什么样的方法让孩子离我越来越远，而是一份自然而然的陪伴、自然而然的滋养，那是一份气定神闲的等待。如果这样被托举大的孩子，他一定会非常自信、不怕困难且容易自我满足。如果一个孩子自我认同感高，愿意不断地去挑战生活中碰到的林林总总的困难，那这个生命一定会越来越出色，一定会越来越优秀。

04

当孩子跟你说累的时候，请帮他停下来

——如何帮助孩子松弛学习

学贵有恒，亦贵适时弛张，压力过大则心忧，心忧则学废，宜因材施教，量力而行。

那些因为孩子厌学或气馁而向我倾诉的家长，有80%都会以这样一句话开头："我们这孩子小学时学习可好了，现在不学了。"

这究竟是怎么一回事呢？

就拿我侄子来说，他在衡水中学，一个年级里都能排进前10名。衡水中学的前10名，学习的能力是非常强的。

可前两天，他给我发消息说："姑姑，我好累！"

我回应道："高中嘛，确实是最累人的阶段。"

可没过多久，他又跟我说："姑姑，我真的好累。"

我注意到，仅仅一个星期，他就至少跟我提了三次累。于是我赶紧给他妈妈打了个电话。

我说："你家孩子这一个星期至少跟我提了三次累了。"

"才跟你说三次？他一天都得跟我说好几次呢。"她回应道。

我问："那你怎么应对的？"

"我就倾听呗。"她回答。

我追问："还有呢？"

她说："没了。"

"这可不行啊。"我告诉她。

就像你孩子跟你说他感冒了，你不能只是听着，什么都不做吧？你得给他拿药，或者带他去看医生。不然，小感冒都可能拖成肺炎。同理，孩子的情绪也是如此。作为家长不能只是倾听，还要去尝试解决他的问题。

"你儿子现在已经是拼尽全力了，他这么累，你们需要聊聊如何在学习压力中找到平衡。你得让他明白不必为了保持全学年组的前几名，把自己逼得那么紧，他需要适当放松一下。高一如果就这么累，到了高三可怎么办啊？"

他妈妈恍然大悟："你这么说，我倒是觉得确实是这样。"

"他现在每天都焦虑，总是想着还有两年多怎么办，现在已经这么累了，以后怎么拼得过别人。他是学霸，但不是学神。"

衡水中学有很多学神，他们既能打篮球，又能考第一，这真的很让人羡慕。

"所以你得知道，你的孩子已经在玩命地跑了，但别人却跑得轻松自如。不能让你的孩子一直这么逼自己。你要让他找到自己的定位，可能他的定位就是20名、25名，而不是10名。因为他在10名这个位置已经很吃力了。"

家长衡量孩子的成绩时，不能只盯着分数，更要关注孩子本身。

你教育的是一个人，而不是一个分数或一个机器。 你不能让孩子用百米冲刺的速度去跑万米或千米，这是绝对行不通的。

"那你得问问孩子，他维持在多少名才不会这么累。"我接着说。

那天晚上，我们跟孩子聊了聊。

孩子说："如果我在 20～25 名，我就不会这么累，相对来讲就轻松多了。"

"那你现在掉出前 25 名了吗？"我问。

"没有。"他回答。

"那就好，"我说，"大侄子，你就维持在 20～25 名，不要低于 25 名，也不用想着高于 20 名。到了高三再冲刺，特别是高三的最后半个学期，那时候再全力一拼。"

"那时候全力一拼，我能提升 5 名。"他信心满满地说。

可他妈妈却开始算账了："他现在是第 10 名，对吧？如果他滑到 25 名，再全力一拼也只能拼到 20 名，那还是不如以前的 10 名啊。"

"这真是一个过于理想的想法。"我告诉她，"关键是，他现在的第 10 名能维持两年吗？如果孩子觉得学不下去了，有没有可能连 25 名都保不住，甚至可能坚持不到高三就退学了？"

我看到很多小时候考试回来很开心的孩子，后来就变得不开心了。这就是由过度的压力和焦虑导致的。

孩子觉得所有的压力都来自学习这件事，所以不学就没压力了。这是孩子的本能反应——解决不了问题就选择逃避或放弃。其实成年人也是这样，如果单位给你长期施加高压，你也会受不了的。

因此，我们需要帮助孩子松弛学习压力。如果孩子一直都有压力，那么越到考试的时候越要让他学会松弛。合理的压力是动力，但超负荷的压力就会引发焦虑。如果焦虑得不到改善的话，长此以往就有可能演变成焦虑症——那是一种心理疾病。

　　所以如果孩子已经有考试焦虑、学习焦虑或上学焦虑了，你一定要及时帮助他松弛下来，减压下来，避免他的焦虑不断积累、放大，演变成焦虑症的后果。同样地，抑郁也是如此，抑郁是一种心理状态或情绪状态，但如果长期得不到改善，就要警惕抑郁症的出现了。

05

给孩子一个学习的理由，为他的生命画一个靶子

——帮孩子找到学习动力，规划学习目标

富养失志，犹舟无舵；立子之志，如箭设靶，方能致远。

今天的孩子，他们总有无数个理由拒绝学习，但是作为父母，我们需要给孩子一个学习的理由。对于低年龄段的孩子，要让他在学习中感受快乐，不要出现错误就指责，让学习的过程变得好玩有趣；年龄大一点的孩子，要为他的生命画一个靶子，让孩子有努力的方向，把学习成绩当作射箭，一步步朝着靶心前进，这样孩子才会有学习的动力。

先说说学习的快乐。

想象一下，你的孩子从学校回来，兴奋地告诉你："妈妈，我今天学了三道题，1+1=2，2+2=4。"

听到这里，你可能会很开心，因为孩子又学会新东西了，还主动跟你分享。

但孩子紧接着说："3+3=5。"

这时，你会作何反应？

你可能会严厉地指责他，说："3+3等于几？我教过你几遍，白教了是吧？三道题你竟然还做错了一道！"

如果在孩子9岁以前，你就这样与他谈论学习，那么你的孩子很可能会对学习失去兴趣，变得不想学习。为什么会这样呢？因为学习的过程没法给他带来快乐的体验，他们坐在那里感到惊恐和害怕，看着你就像看到魔鬼一样。

如果孩子说1+1=2，2+2=4，3+3=5，你鼓励他说："宝贝，三道题你做对了两道，妈妈为你开心。另一道好像有点问题哦，我们一起来看看怎么回事。"

孩子得到正向的反馈和你积极的协助，获得很好的学习体验，那么他一定会愿意继续学下去。我们不得不承认，学习这件事有时候是枯燥的。作为父母，我们可不可以把它变得更加快乐、更加有趣一点呢？

再说说学习的"靶子"。

当孩子长到9岁以后，他们面临的学习压力越来越大，需要更加专注和更多时间精力的付出。他们之所以愿意坐在那里一直写、一直算，是因为他们心中有目标。这个目标就像为生命画上了一个靶子一样，**对于9岁以上的孩子来说，那个靶子就是梦想**，他们要通过学习去实现自己的梦想。

今天，我们的学科教育经常犯一个错误，那就是过分强调分数和名校的重要性。孩子可能考上了985、211，可能高考分数高达650分、700分，甚至可能成为高考状元，但他们只是盲目地追逐分数和名校，只是为了走进那座象牙塔，却从未思考过自己走进象牙塔的真正目的。

·3· 允许：唤醒孩子的自驱力

他们可能是为了满足父母的骄傲，可能是为了满足学子宴上那一刻的荣耀，可能是为了满足进入高校时的那一刻高光，但毕业后却面临生活的黯淡无光，甚至面临失业的困境。

有一天，我的兄弟媳妇儿给我打电话说："哎呀，立宁，你快点给你侄儿打个电话吧！"

我问："怎么了？"

她焦急地说："你也知道，你侄儿考985、211简直是探囊取物，可你知道吗，他选了一个地质大学，也不是重点大学啊，凭他的成绩完全可以考更好的学校，他从小就听你的，你快劝劝他吧！"

于是，我给侄儿打了电话，问他为什么要考地质大学。

他说："姑姑，因为我喜欢珠宝鉴定专业，地质大学的珠宝鉴定专业是最好的，我好喜欢！"

听完侄儿的回答，我跟他妈妈说："孩子喜欢那个专业而已，别太纠结。"

但她还是不甘心："那你说孩子这么好的成绩，完全可以上更好的学校啊。"

我反问她："那你是为了让他上更好的学校，还是让他一辈子做自己喜欢的事呢？"

沉默了片刻，我继续说："孩子知道自己为什么考高分，知道自己为什么学习，更知道他人生的目标在哪里。他的目标就是他的喜好，他喜欢珠宝鉴定，为什么就不可以去尝试？"

他妈妈又开始担心："那考地质大学会不会出差，走得很远？"

我告诉她："你养一个孩子不是为了让他留在你身边承欢膝下，而是要让他去飞翔，去追求自己的梦想。"

孩子有明确的目标，学习才会有动力。在我女儿复学以后，我协助她一起树立了目标，那就是做和美术相关的工作。当时我们画了一个靶子，10环是中央美院，9环是电影学院，8环是戏曲学院，7环是鲁迅美术学院。同时，我们也一起商量过，如果以后哪个美术学院也没考上，我们就选择一个学化妆的职校，因为她的梦想就是给喜欢的明星化妆，这就是她想要的。为了追逐她想要的，她努力地达成每一个小目标。就这样她从0环到1环，到2环，到3环……她的成绩一直提升，一直瞄到最后，她考进了北京电影学院，是她靶子的9环。

在我从事家庭心理教育行业之后，每到开学时和高考结束后，我们中心的咨询师都是最为忙碌的。开学时，那些落榜孩子的家长来找我；高考结束后，那些需要做职业生涯规划、选学科的家长来找我。

他们经常跟我说："我孩子考了×××分，老师你来帮我参谋一下，报哪个志愿。"

我直接跟他们讲："我不干射完箭画靶子的事儿，孩子考完了，是箭射到那儿了，你围着这个箭画个靶子有什么意义呢？"

试问，有几个大学生是本科毕业或者专科毕业后，从事他们喜欢的和所学的专业呢？实际上并不多。

学播音的孩子，他们真的了解播音主持这个专业吗？现在有很多学播音主持的人甚至转行做家庭教育了。所以很多时候，我们的梦想都已经变成了非常奢侈的东西。**生活没有靶子，我们的孩子就没法学习射箭。**

所以，请给孩子一个学习的理由，为他的生命画一个靶子。你教他们如何蹲下，如何对准三点一线，如何放箭，一次一次地耐心指导。他们愿意学习，是因为他们渴望射中靶心。

·3· 允许：唤醒孩子的自驱力

一条鱼，从出生就知道奋力摆动尾巴，这是它的天性。因为它要从小河游向更广阔的江湖，游向深邃的大海，所以它会努力让自己长大，这是它们生存的需要。然而，我们的孩子今天却陷入了另一种困境。

他们可能会说：" 我爸有三套房，我妈有两套房，我爷爷奶奶还有房。"

物质条件的充裕已经激不起他们学习的动力了，他们对这些物质已经司空见惯。我们这一代人，激起我们努力的动力，往往是经历过的贫困。我们把挣来的钱全部花在了孩子身上，希望他们有好的生活，不希望他们吃自己尝过的苦。然而这样的做法却可能在不知不觉中摧毁了孩子生命的靶子。他们可能会失去方向，变得迷茫。

他们可能会问：" 我为什么要努力？我为什么要进取？我努力进取一辈子和我在家里摆烂有什么区别？"

作为家长，我们需要给孩子的生命画一个靶子。这个靶子可以是他们的梦想，可以是他们的追求，可以是他们想要达到的高度。只有这样，他们才能在人生的道路上不断前行，不断超越自己，实现自己的价值。

06

关于学习，其实每个孩子都潜力无限

——唤醒孩子内在的学习力

学无止境，不以学历为限；志存高远，勿因境遇而衰。

我问过很多家长，家庭教育中最让人烦恼的事是什么？有很多家长都说："孩子学习力不够，太让人头痛了！"我们来深入探讨一下学习力的问题。

学习力到底是什么？**学习力，其实是指孩子方方面面学习成长的能力，绝非仅仅局限于学习文化课的能力。**然而，我们却常常陷入一个误区，这个误区仿佛是一个死胡同，把学习力简单地等同于文凭。但是孩子上大学，目的绝非仅仅是那张大学的文凭，而是为了在大学生活中建立更加稳健的、进入社会路程中的各种人格特质。大学是一个学习的经历，而在这个过程中被锻炼出来的能力、技能、心态和素质，才是真正的学习力。

有一次，我应妇联邀请，去一所职业高中讲心理课。当我走进学校场地的时候，我感到非常压抑。那些职业高中的学生，本应该是青春活泼、充满张力的年龄，却一个个一脸丧气地坐在那里。他们坐没坐相，眼神黯淡无光，一副什么都无所谓的样子。

我站在讲台上，对他们说："孩子们，来，看着老师。你们这一脸的丧气，我这课可没法讲啊。"

讲完之后，他们愣了一下，似乎觉得我和平时来讲课的老师不太一样。

然后，我问他们："孩子们，你们告诉我，你们怎么了？为什么如此沮丧？"

那些学生说："没什么好不沮丧的，我们都上职高了，我们都被边缘化了，有啥不沮丧的？"

我说："天啊，上职高怎么了？"

他们说："行了，老师，别给我们打鸡血了，别给我们心理安慰了。我父母都放弃我了。"

听完这句话，我真的感到非常心痛。

未来，我们或许会有50%的孩子选择职业高中。如果这50%的孩子是你的孩子，你是不是也会放弃他们？你是不是会觉得他们上职高了，就一无是处了？不，他们上职高了，可能没有机会再获得更高的文凭，但他们有机会学习本领。

我当时拿起麦克风，对在座的学生说："孩子们，你们抬头看着老师的眼睛。"

他们抬头看着我。

我接着说："即便你们的父母短暂地放弃了你们，你们也要用永远不自我放弃的心态，让他们重拾对你们的信心。"

这是我当时讲给他们很关键的一句话，紧接着我又说："生命不会遗落任何人，只有自己把自己遗落了，因为你躲在角落里面。"

我讲完这句话后，那些孩子似乎升起了一点希望，但瞬间又熄灭了。为什么？因为他们已经习惯了被否定、被边缘化。我多么希望讲这些话的人是他们的亲生爸妈啊！

所以我打算换一种方式来影响他们，我说："好了，今天我们不讲课了，我们来聊聊天吧！"

不等他们反应，我接着问他们："你们告诉我，你们未来的职业方向是什么？"

他们说："我们都是学调酒的。"

我对他们说："只要你们保持学习力，在你们选择的专业领域认真努力地学习，你们相信吗？可能十五年后，原本和你们同桌、现在上了大学的学霸，他们来到你们调酒的场所，想买一杯你们调的美酒时，他们得考虑考虑自己的钱够不够。"

我讲完这句话后，他们笑了，说："这个我们能理解。"

课程结束后，一个学生追我到门口，对我说了一句极其让人心酸的话。

她说："老师，我多么希望您是我的妈妈。"

当她讲出这句话时，我内心深感痛楚。

我告诉她："即便老师再让你感到亲切，你也不能把我当作你的妈妈。"我停顿下来，接着一字一句地对她说，"老师并非生育你、抚养你的那个人，老师与你之间没有那份天然的恩情，所以你不能期待老师成为你的妈妈。如果你认为你的妈妈可以向老师学习，成为像老师这样的人，那你就去告诉她。但是如果你的妈妈没有主动来找老师学习，宝贝，请你努力成为老师的样子。"

· 3 ·　允许：唤醒孩子的自驱力

她听后愣了一下，我接着说："老师是一个没有正式文凭的老师，但老师从不会承认自己没有文化。我是一个没有正式踏入过大学校门读书的老师，但在学习心理学之后，我背着双肩包混入清华、北大，所有的公开课我都去旁听，我从不觉得自己不像一个大学生。"

当我说出这番话时，那个孩子看着我，坚定地说："老师，三年后，我会请你来品尝我调的酒。我会好好练习，好好提升我的调酒技艺。"

我郑重地告诉她："好孩子，老师相信你。"

到现在已经过去了七年，那个孩子可能已经无法找到我。但如果能找到我的话，无论她在世界的哪个角落，我都会去她的吧台前，喝一杯她亲手调的酒。相信这个孩子的一生都是充满学习力的。

07 我这样帮助女儿在学习上奋起直追

——成为孩子学习进阶之路上的陪伴者

教子有方，静待花开；爱满于心，终成其才。

我的女儿从厌学状态重回学校后，第一次月考的成绩是 29 分。

我满怀希望地对她说："太好了，宝贝，这意味着你以后有很大的进步空间。你就告诉妈妈，考 29 分对你来说意味着什么？"

结果，她的一句话让我心如刀绞。

她说："代表我啥也不是。"

那一刻，我深刻意识到，这是我多年来在教育过程中给孩子灌输的错误观念——学习不好就等于一无是处。这种学习的唯一化、成绩的唯一化的观念，让孩子失去了对自己中立客观的评价。

那一刻我真的哭了。

我边哭边对她说："妈妈现在告诉你，只是学习不好而已，这并不代表你一无是处。29 分什么都不代表，它只能代表你目前学会了 29 分的内容。我们看待学习，是去看我们学会了什么，而不是没学会

·3· 允许：唤醒孩子的自驱力

什么。"

女儿说："可是我就是学不会。"

我鼓励她："那就证明还有71分的内容你不会嘛。未来的路还很长，你每学会1分，就是对自己的一个进步。不要害怕，慢慢来。"

她又说："可是妈妈，我在班级里排最后一名。"

我安慰她："那就代表我们再也没有退步的空间了，以后我们就倒着数，别人家的孩子从第一名开始数，我们从最后一名开始数。比如42名，然后努力到41名。每前进一步，都是你战胜自己的一次。我们一起来加油，好吗？"

如果孩子愿意继续聊，其实可以接着问："你觉得接下来可以怎么做呢？"

但此时此刻，我对她说："我们不说这个了，放下它吧。考试、发成绩，那都是过去的事情了。现在我们要回家了，好好吃顿饭。不管怎样，你都去上学了，你都努力了，所以，让我们好好享受晚餐，把过去的事情先放下。"

就这样，我女儿很快迎来了生命中非常闪耀的一刻。那天，她拿了考试成绩回到家，门被她猛地踢开，仿佛一位英雄凯旋。

她进门后对我说："妈，成绩发下来了。"

我问："多少分？"

她回答："49分！"

我说："太棒了！"

从29分到49分，她整整努力了一个月。我冲过去紧紧抱住她，我们母女两人为这49分喜极而泣。她靠努力得来的这20分太重要了，那一刻她感受到了自己的付出得到了回报，她做到了，她被看见了，这是无法比拟的快乐。

它让孩子明白了学习的真谛，知道了学习的动力到底来自哪里。那个动力就是："我努力了，我取得了成果，我可以做到。"这对孩子来说是无比宝贵的成长经历。

有趣的是，后来学校给我打电话，说她获得了这一个月的最佳进步奖，要在家长会上请我女儿上台分享一下为什么能进步这么大。

女儿回来问我："妈，我讲什么呀？49分多丢人啊。"

我说："一点都不丢人。100分跟别人有关，那是别人的标准。我们的49分，对妈妈来说，就是你的100分，是你这一个月的满分，因为你全力以赴了。"

我觉得我哭得最多的时刻，往往是在我成长之后，由我女儿带给我的那些惊喜与震撼。特别是这一次上台讲话，当女儿从我身旁走过，步伐中带着一股风，走上讲台的那一刻，我就知道，那个生命已经变得不一样了，她充满了力量。

她站定在讲台上，目光直视着我，开始讲述这一个月里自己所付出的努力。

她说："因为我妈妈没有放弃我，所以我也没有理由放弃自己。"

回想那一个月的时光，我至今都历历在目。每天晚上，她都会做题做到12点，既要学习新的知识，又要弥补过去的不足。看着她那么努力，以致把自己累到极限，你只能催促她去睡觉。这时你的催促已经不再是让她去写作业、去学习、去复习，而是让她去休息。这种转变，真的是一种难以言喻的幸福。

我不是在"凡尔赛"，而是事情真的就那样发生了。这种反转源于我认知的改变。

· 3 · 允许：唤醒孩子的自驱力

我跟女儿说："睡吧，已经12点了。"

她却跟我说："妈，你少跟我说一句话，我就多看一道题。"

我回应她："好嘞，那你想睡的时候告诉妈妈就好。"

她又说："你不要等我了，你先睡吧。"

为什么那段时间她如此努力，因为她有一个明确的目标，那就是要考出好成绩，要通过进步证明自己。

记得那次49分的考试结束后，我跟女儿说："我们放松一下吧，这一个月你实在太累了。"

她跟我说："妈妈，我想去九寨沟，这是我多年来的心愿。"

于是，我们两个就去了九寨沟。

在大巴上，我坐在过道的一侧，有一个大妈坐在另一侧，我的女儿则坐在大妈旁边。

大妈看了一眼我女儿，便问："初中生吧？"

其实那时候我女儿已经是高中生了，只是长得比较小。

我回应道："嗯。"

"那学习正是紧要的时候，还出来玩。"大妈又问，"是不是学习成绩特别好啊？"

我说："嗯。"

大妈说："刚考完试啊？"

我说："对。"

大妈又问："考多少分呢？"

那一刻我能感觉到胳膊都是紧张的，我女儿也显得有些尴尬。

维护孩子的自尊心，尤其是在外人面前，这是非常重要的。我深知，维护好孩子的自尊心，也是维护好她生命发动机的一个重要的元素。

于是，我跟大妈说："我们学习态度特别好，这个学期还获得了最佳进步奖。我们学习非常努力。"

我就是不谈分数。

大妈听后夸赞道："那可真好。"接着她又问，"那考了多少分呢？"

这时，我没有选择正面回答，只是找了个借口说："前面空调有点热，后面可能凉一点。"转身一看后面有四个空座，便对女儿说："闺女，去后面坐吧。"

女儿很开心地答应了。

我跟大妈说："我们两个去后面坐了啊，回头再聊。"

我带着女儿往后走，她的手伸过来，紧紧地拉着我的手，我们两个拉着手从大巴的中间往后走。我们坐下来后，她坐在我旁边，带着歉意的眼神看着我。

我半开玩笑地说："哪怕严刑拷打，妈也不说你考了49分出来玩。"

我讲完这句话，女儿紧接着说了一句话："妈，你放心，下一次出来玩的时候，我的成绩一定能让你说得出口。"

那一刻，我感受到了她为爱奔赴的力量。她希望我因为她的努力和变化而骄傲，她在乎我。

父母和孩子之间的隔阂就像一扇门，如果双方没有人愿意为爱去改变自己，去放下自己的那些自以为是和那些执着的认知，那扇门就没有被打开的机会。如果我们开始成长了，就会发现养儿育女真的是天伦之乐。就这样，她一路从29分、49分增长到70多分，从来来回回厌学、休学两年多的状态返回学校，我们一路相伴。又用了四年的时间，她考上了北京电影学院。

入学的那一天，我记得非常清楚，我们两个走在小路上。

她跟我说："妈妈，我上学了，你毕业了。"

我愣了一下，随即明白了她的意思。**这四年，对我而言，何尝不是一场漫长又艰辛的"学业"呢？我学会了如何成为一个更好的母亲，学会了如何理解和支持孩子，更学会了放下那些无谓的期望和偏见。**

我笑着回应她："是啊，宝贝，你上学了，妈妈也毕业了。我们一起走过了这段旅程，现在，我们要在新的起点上继续前行。"

我看着她，眼中满是欣慰。她不再是那个因为29分而自我否定的孩子，而是一个勇敢、坚忍、有着无限可能的年轻人。在未来的日子里，她依然会遇到挑战和困难，但我相信，她已经拥有了面对这一切的力量。因为她知道，无论成绩如何，无论别人怎么看，她都是值得被爱的，她都有能力去改变和成长。而我，也会继续我的"学业"，学习如何成为一个更好的自己，如何更好地陪伴和支持她。我会在她需要的时候给予她温暖和鼓励，也会在她不需要的时候默默站在她身后，守护着她。我们之间的关系，已经超越了简单的母女之情。我们是彼此的朋友、伙伴和战友，共同面对生活的风风雨雨，共同享受生命的阳光和雨露。

现在，当她走在通往梦想的路上，我深深地为她感到骄傲。我知道，这段旅程只是她人生中的一个阶段，但我会永远珍惜这段时光，珍惜我们之间的每一个瞬间。因为，这就是母爱，这就是成长，这就是我们共同走过的、无法替代的宝贵经历。

接下来，我再分享另外一个故事。

父母情绪稳，孩子有底气

记得大概四年前，有一位初二学生的妈妈来找我咨询，她的孩子已经完全拒绝学习了，宅在家里，坚决不去学校，学校也通知家长要让孩子退学。这位妈妈来找我的时候，非常痛苦和焦虑，经过了系统的学习，她看到自己过往在教育孩子这条路上走错了方向。但是，冰冻三尺，非一日之寒，孩子厌学绝不是一两日就能解决的。她开始把学习到的知识运用到亲子关系中，意识到孩子辍学已经是一个结果了，她选择先接纳，并且在一个合适的时机和孩子表达自己转变以后的想法：

"妈妈经过一段时间的反思，理解了你不愿意继续学习的想法。我们先把这个问题放一下再说，我不逼你了，你可以自己做决定，但是决定之前我们先出去散散心吧，放松一下。这些年的学习也的确够辛苦了。"

当她表达以后，孩子很惊讶："妈，你没事吧？"

"没事，我真的是想明白了。我不逼你了，你健康快乐地长大就好，学习没有那么重要。"

孩子呆呆地看着妈妈，又问："妈，你生病了吗？"

"没有。"

"那你的变化也太大了！"

"妈妈也要去学习，来提升自己啊。过去在你学习的过程中，妈妈有很多地方没做到，所以现在这个结果，爸爸妈妈要跟你共同承担，我们共同去面对。"

第二天，这位妈妈就带着孩子出去旅行了，买了两张机票，去了一直想去的桂林。玩的过程中，孩子慢慢打开心结。孩子对妈妈讲了很多当地的人文历史，妈妈才惊讶地发现，她从来不知道孩子懂这么多的东西。

妈妈很高兴，也跟孩子探讨："你很喜欢历史吗？"

"对，我特别特别喜欢历史。如果学校只教历史，数学、英语、语文都不用学，那就好了，我就愿意去学校了。"

后来，这位妈妈就一直不断放大孩子对历史方面的兴趣。整整三个月，带他去参观各地的历史博物馆，了解了很多历史学家的生命轨迹。爸爸妈妈协助孩子一起查找有没有只学习历史的学校，结果可想而知，当然找不到。但是孩子也终于明白，他必须上了大学才能专注自己的兴趣爱好。

突然有一天，他对妈妈说："妈，我现在明白了。如果我想学历史，其他科目也要说得过去！这样我未来学历史专业的时候，才有机会成为一个历史学家。"

"对呀，你能这么想，太棒了，那我们要怎样支持你？"

孩子看着妈妈："妈妈，请您送我回学校。"

听到孩子主动提出想回到学校，这位妈妈的眼眶不禁湿润了。她紧紧抱住孩子，感受到了前所未有的希望。她知道，这段时间的努力和改变，终于有了回报。

接下来的日子里，妈妈继续用爱和耐心陪伴着孩子。她不再过分关注孩子的学习成绩，而是更加关注孩子的身心健康和兴趣发展。孩子也逐渐找回了学习的动力和乐趣，他开始认真对待每一门课程，不再像以前那样逃避和抗拒。经过一段时间的适应和努力，孩子的学习成绩有了明显的提升。他不仅顺利通过了学校的考试，更重要的是，他重新找回了自信和自尊，变得更加开朗和乐观。

如今，这个孩子已经考上了一所不错的大学学习历史专业。**孩子**

出现问题并不可怕，我们要积极调整自己的方式方法和心态，耐心陪伴，悉心引导，及时鼓励，允许孩子按照自己的节奏一点点改变，孩子才能慢慢重新回到应有的轨道上！

08

为孩子的学习赋能，激发孩子的自主意识

——帮孩子养成好的学习态度和习惯

教子之道，贵在引导，非迫能成；养习之基，始于蒙童，须循序而渐进。

6~9岁是培养孩子学习能力和奠定其内在基础的关键时期，这个年龄段的教育决策至关重要。一旦在这个阶段出现偏差，未来在学习这件事上，孩子学习多少年，家长就要操心多少年。

当孩子年满6岁后，学习任务逐渐增多，这时候，家长应该着重培养孩子以下两个方面：**良好的学习态度和优秀的学习习惯**。

良好的学习态度意味着孩子不会因为学习而抱怨或有抵触情绪。而做到这一点，家长首先要避免与孩子在学习问题上产生对立，永远不要因为学习这件事大发雷霆。**人的天性就是好学的，掌握新的技能、获取新的知识能够带来很大的快乐和满足感。**可是为什么一提到学习孩子就不开心了，是什么令他不喜欢学习？是因为我们把学习这件事变得太压抑、太紧张，没有好的体验了。孩子的消极怠工往往源于家

长在陪伴孩子写作业的过程中给予的负向刺激。负向刺激是什么？当孩子总是做错题目的时候，家长往往就失去了耐心，批评、指责甚至辱骂孩子。

这个时候可以启动一下我们的同理心。我们小的时候做错题会被骂吗？被骂的感觉如何？如果你有答案了，你就知道应该怎么做了——给孩子积极的引导和鼓励。

孩子受到引导和鼓励之后的体验是怎样的呢？是能够获得安慰和得到满足的。在这样的状态下，他会积极地去继续探索，弄懂他不会的那些题目，因为他想持续那些快乐满足的体验。所以，正向反馈能够激发孩子的学习热情，使他们的学习态度更加端正，因为几乎每个人都渴望拥有美好的学习体验，一旦这种体验带来了愉悦感，他们便不会再去抵触学习。

很多时候，家长可能还会面临孩子回家不写作业，只想着玩的情况。我举一个成年人的家庭生活里常见的例子来类比。假设妻子回到家，发现地板上满是灰尘，妻子当时心情还不错，于是打算打扫一下。然而，就在妻子准备去拿扫帚的时候，丈夫突然说："哎，你赶紧把地扫了，这么脏你都看不见吗？"

听到丈夫这句话，妻子的第一反应是不是会有些不悦？甚至可能打消了扫地的念头。这种心理反应其实是非常正常的，孩子也是如此。玩耍是他们的天性，当他们面临写作业和玩耍的选择时，往往会感到纠结。

如果我们在这个时候大声地训斥他们："你磨蹭什么啊？赶紧写作业去，别总想着玩！"

那么他们很可能会更不情愿去写作业。而如果我们能够设身处地

·3· 允许：唤醒孩子的自驱力

地理解他们，接纳他们的纠结和想法，那么情况就会大不相同。

我们可以温柔地引导他们："我知道你想玩，能告诉我你想玩什么吗？"

当孩子回答说："我想玩一会儿飞机模型。"

我们可以同样接纳并回应他们的想法："好的，我也想陪你一起玩。那我们来一起制订一个计划，把玩模型和写作业的时间都安排好吧。"

这样做的结果很可能是孩子们会更加愿意配合我们，按照计划去完成作业，因为他们感受到了父母的理解和尊重，自己有了更多自主选择和规划时间的机会。

当然类似的问题还有另一种情况，很多孩子不愿意为自己负责，不遵守约定。比如说孩子要去玩，玩之前与你达成过一个承诺：只玩半个小时，半个小时后就回来写作业。等过了半个小时，你去叫他，他会说再玩半个小时，这时我们就有情绪了。我之前也无数次因为这样的事情跟孩子吵架。但是，当我通过孩子的行为去反观自己，也不得不承认，很多时候我也很难做到自律，本来说看一集网络剧就去睡觉了，结果也经常把控不住自己，看到半夜三更；明明制订好计划去完成一件事，做着做着就会不自觉地拖延，内心又因此非常纠结和懊恼。我是个成年人，尚且没有做到，那我有什么资格要求孩子呢？我理解她不遵守时间的行为——当她跟我承诺那半个小时的时候，她是认为自己能够做到的；但是当她去玩的时候，玩的那种愉悦感让她十分留恋，和枯燥乏味的学习形成了鲜明的对比，所以她的内心就开始了斗争，她也想要遵守承诺，但是真的没有能力做到。

我一旦体会到孩子的这种感受，以后女儿想要玩的时候，我还是会和她约定玩的时间，时间到了，她说再玩一会儿，我就不再提醒她了，我去做我自己的事。

结果，有一次她玩到晚上快 10 点，跑过来跟我说："妈妈，你为什么不提醒我，现在已经 10 点了怎么办？我还有那么多作业没写。"

我平静地看着她："我提醒过你了，我以为你可以管理好自己的时间。你现在要写作业，我陪你好不好？"

"唉，我真是无语了。"说着她跑回屋，开始写作业。

我也真的从床上起来，热了一杯牛奶，坐在她身边静静地陪着她。**允许这样的事情发生，陪着她一起去付出代价**。那天她做作业做到 12 点半，我就一直陪着她，没有任何的对立和责骂，终于作业写完了。

她突然看着我说："下次我真的要遵守时间了。"

我说："谢谢你让我看见，我也经常犯这样的错误，不如明天我们一起写个时间计划，彼此监督怎么样？"

第二天开始，我们各自开始严格地遵守时间计划，女儿大部分时间都可以按时地去完成作业。我发觉，其实孩子也不愿意违反承诺，只是她找不到合适的方法去改正而已，我们只要协助她经历过程，加以引导就好，当她能体验到改正以后的那份喜悦时，就会知道还有更好的选择。

这期间还发生了一件有意思的事情。当时我和女儿恰好不在一起，我出差去外地学习，需要连续六天上课，每天早出晚归，晚上还要总结复习，非常辛苦。到第四天早上，我的考验就来了。当时我特别不想起床，于是我的脑袋里开始找各种理由为自己的这个行为开脱：

"我们上的是大课，肯定很多人都上不齐这六天，反正也不需要每天签到，再说昨天晚上我也看了教材，今天讲的内容好像都比较容易理解，不去也无所谓吧！"

就是这样，我在纠结中关掉了闹钟，结果却怎么都睡不着了，打开手机随便翻看一下，这时女儿的信息来了："妈妈，我不想起床，我好困。今天老师讲的我之前复习过了，我要睡觉，妈妈救命，我不想去上课了。"

我瞬间惊呆了，马上回复她："你自己看着决定吧，我去上课了，拜拜。"

我翻身起床，洗漱出发，一刻也不敢怠慢。刚到教室，准备给手机调振动的时候，又看见女儿的留言："算了老妈，我还是咬咬牙起床了，现在冲去教室还来得及。"

看着这条信息，我会心地笑了，开始安心地上课。

其实家庭教育并没有那么复杂，与要求孩子应该怎样无关，父母能严于律己，做示范表率就好。**孩子是我们的镜子，一面中立客观的镜子，孩子身上的问题通常是父母言传身教的结果，只是我们没有觉察。**

如果家长做不到以身作则，没有同理心，还强迫孩子学习，孩子的学习态度就容易出现消极抵抗等负面现象，孩子的认知发展可能会受到诸多不良的影响。最直接的表现可能是成绩的下滑，这种下滑趋势若持续存在，孩子可能会逐渐产生厌学、弃学甚至逃学的心理倾向。我们必须明确，成绩绝非衡量孩子未来成就的唯一标尺，但它依然是一个不容忽视的重要参考。良好的学习成绩和积极的态度在孩子成长的道路上无疑扮演着正向的角色，它们能够激发孩子的自信心，为孩子未来的学习和生活奠定坚实的基础。因此作为父母，我们的重点在于如何正确地引导孩子，帮助他们找到学习的内在动力，培养孩子良好的学习态度，激发孩子的学习热情。

在学习习惯上，家长需要激发孩子的自主意识。 这意味着孩子应该自己完成作业，遇到难题时主动寻求帮助，而不是需要家长像警察看犯人一样监督他完成作业。在作业完成后，家长可以陪伴孩子一起订正错误，但应该鼓励孩子先自己尝试订正。这是训练孩子良好学习习惯的关键，即遇到问题要自己去弄懂，履行自己应完成的任务。同时，家长还应引导孩子树立责任感，明白完成功课是他们必须要完成的任务，就像大人上班供养家庭一样。

如果一个孩子缺乏责任感，没有养成自己的事情自己做的习惯，那么他在学习上也会遇到困难。学习不仅仅是一种能力，更是一种习惯。只有当能力和习惯相结合时，才能产生良好的学习效果。

说到责任感，很多家长会抱怨孩子说话不算数，比如承诺背单词却不背，承诺好好学习却不行动。这往往是因为孩子在无法完成时被迫做出承诺，以逃避家长的责难。我们试着模拟一个场景：

"你下次能不能考80分？"

"我不能。"

"你为什么不能？你必须得能！"

"好吧，我能。"

逼迫孩子作出不切实际的承诺，往往并不能达到家长期望的效果，反而可能产生一系列负面影响。

首先，这种逼迫可能让孩子产生巨大的心理压力。他们可能会因为害怕无法达到家长的期望而感到焦虑、紧张，甚至产生自我否定的情绪。长期处于这种压力下，孩子的心理健康可能会受到影响。

其次，逼迫孩子承诺还可能破坏他们的学习动力。 当学习变成了一种为了达成某个具体分数而不得不完成的任务时，孩子可能会失去对知识的探索欲和好奇心。这种被迫的学习状态很难激发孩子内在的学习动力，也不利于他们未来的长远发展。

更重要的是，逼迫孩子承诺还可能让他们学会欺骗和逃避。 为了迎合家长的期望，孩子可能会选择说谎或采取其他不正当手段来应对考试。这种行为不仅违背了教育的初衷，也会对孩子的道德品质产生不良影响。

因此家长在与孩子沟通时，应避免使用"你必须得能"这样的强迫性语言，而应更多地倾听孩子的想法和困难，给予他们支持和鼓励，帮孩子做好切合实际的规划，考虑好孩子是否具备完成的能力。

学习是一个不断赋能的过程，这个年龄段的学习态度和学习习惯对孩子来说至关重要。 如果孩子在早期教育中感受到过多的压力和挫败感，他们可能会选择压抑自己的感受，甚至在初中时彻底放弃学习。总之，6~9岁是孩子人格发展的关键时期，家长应着重培养孩子的学习态度和学习习惯。这两个方面得到妥善的处理，就为他们未来的学习之路奠定了非常坚实的基础。

09

当成绩"卷"到尽头，未来教育拼的是什么

——成绩之外，父母还可以如何引领孩子

家庭教育的本质，是以父母的成长引领孩子的成长，注重人格建设与心理健康，方能赢在未来。

如果不"卷"孩子的成绩，不强迫孩子学习，而是把重点放在孩子的人格培养上，在我看来，孩子反而更有可能赢在起跑线上。

我的女儿复学的时候考 29 分，她都没有挫败感，为什么？因为她建立了内在的自信，建立了她对事物的正确看法。

接受孩子平庸这件事，其实在我小的时候，我奶奶就跟我讲了。

我奶奶说："一辈子强，一辈子弱；一辈子勤快，一辈子懒。"

奶奶的意思是说，这是一个规律性的循环，父母太能干了，往往孩子很平庸；父母很平庸，有的时候反而能教育出能干的孩子，因为父母不替他做，他只好自己做，他得到了锻炼。我家不一样，我妈妈的能力很强，复制到我这里，我也很强。但是我女儿就没有复制我的"强"，她想要的是松弛自在的生活。

·3· 允许：唤醒孩子的自驱力

我女儿也曾感到自卑。有一次我去南方的一个度假村讲课，女儿放假来找我，白天她跟着我一起去课堂，她看到现场的鲜花、掌声和学员的追随，看到我在讲台上自信从容的样子，她有点沮丧。

那天下课后，我问她："宝贝，你来看妈妈不开心了吗？"

她看着我，说："有的时候我就觉得，我不太想让别人知道我是你的女儿。"

我说："为啥呀？"

她说："你知道吗，妈妈，我觉得我的生命平庸，和你的辉煌、闪闪发光比起来，我觉得我特别配不上你。"

她讲这句话的时候，我特别扎心，我的教育真的是滞后了，如果不是滞后的话，我的孩子不会有这样的感受。

晚上我跟女儿说："走，咱们俩出去遛弯儿。"

我们俩拉着手走出去，碰到我的学员和其他老师，我都跟他们讲："这是我闺女。"

他们回应："啊，是老师的闺女啊。"随后投来很羡慕的眼光。

女儿说："你看吧，只要我跟你出来，我就在这个光环之下。"

我说："宝贝，不一定是这样的，因为我是我，你是你，咱们两个的生命状态是各自独立的。"

她听了以后默不作声，于是我领着她慢慢地往前走。我一边走一边想，我该如何让她找到自信。我们两个走上一座汉白玉桥，周围的景致非常美丽。

我偶然一低头，发现石砖缝里有一朵奋力开放的花，开得特别好，在夜幕霓虹灯的映照下，它随风摇摆着，毫不起眼。

我拉着女儿蹲下："宝贝，你看这里有一朵花。"

女儿说:"哦,这么一朵小小的花,你怎么会看到呢?"

我跟女儿说:"对于这个度假村来讲,这朵花是不是很微不足道?"

女儿说:"是的,把它摘走都没有人知道。"

我说:"但是如果我是这朵花,从花的角度去看这个世界,会是怎样的感受?"

女儿看着我说:"那会是什么样的感受?"

我说:"我可不可以这样去想,如果我是这朵花,这里是我的家,有人耗巨资为我修建了一个家,就是为了等我开放的这一刻。这个汉白玉桥是因为我而存在的,眼前这位妈妈和女儿走过了半生,才有机会遇见我,看见我的美好和奋力开放。"

女儿说:"也是哦,妈,如果这么看的话,因为我这个小孩子的普通,因为我这个小孩子不喜欢学习和叛逆,所以才成就了你。我可以这么想吗?"

我说:"没错,就是这样。"

有的时候,我们做父母的很容易做天花板,我们都在给孩子做一个行为示范,让孩子像我这样强。我们从来没想过,即使我再强,如果我不甘心弓下身子托举我的孩子,那么我在他的生命中,永远只是个配角。

女儿看着我笑了,她说:"还真是,妈,你说你是被谁成就的?"

我说:"我一定是被你成就的。"

我有很多老师,我也学过很多心理学相关的课程,但是我今天的成长完全来自我女儿的一路引领。

所以我跟女儿说:"你是我终身的老师,到今天我都在向你学习。"

· 3 · 允许：唤醒孩子的自驱力

女儿说："妈妈，我觉得我和你的对话当中，这一段对话是让我感受最有力量的，我突然感觉到我生命存在的独特价值和意义。就是说，学员们听到的智慧都是因为我们的互动才产生的。"

我说："没错呀，就是这样。"

女儿笑着说："那我开心了。"

陪她回来的一路，我发现她的自评体系不一样了。**她的自评体系是来自哪里？来自我对她的评价，我对她的认知和看法。**家庭教育这件事情，一定是我们先有足够的深度，才能带领我们的孩子向更深入的层面去看；一定是我们先有足够的高度，才能带领孩子去俯瞰人生。家庭教育说到底是通过我们的成长带动孩子的成长，通过我们的成长影响孩子的成长，通过我们的成长引领孩子的成长。

父母未来拼的是什么？拼的是给孩子的人格建设，拼的是孩子在被养育的过程中的情绪状态和他内在的心理健康状态。拥有健全的人格和健康的心理状态的孩子才是真正的赢家。如果家长们都能够认识到这一点，我们的教育就真正回归该有的方向了。

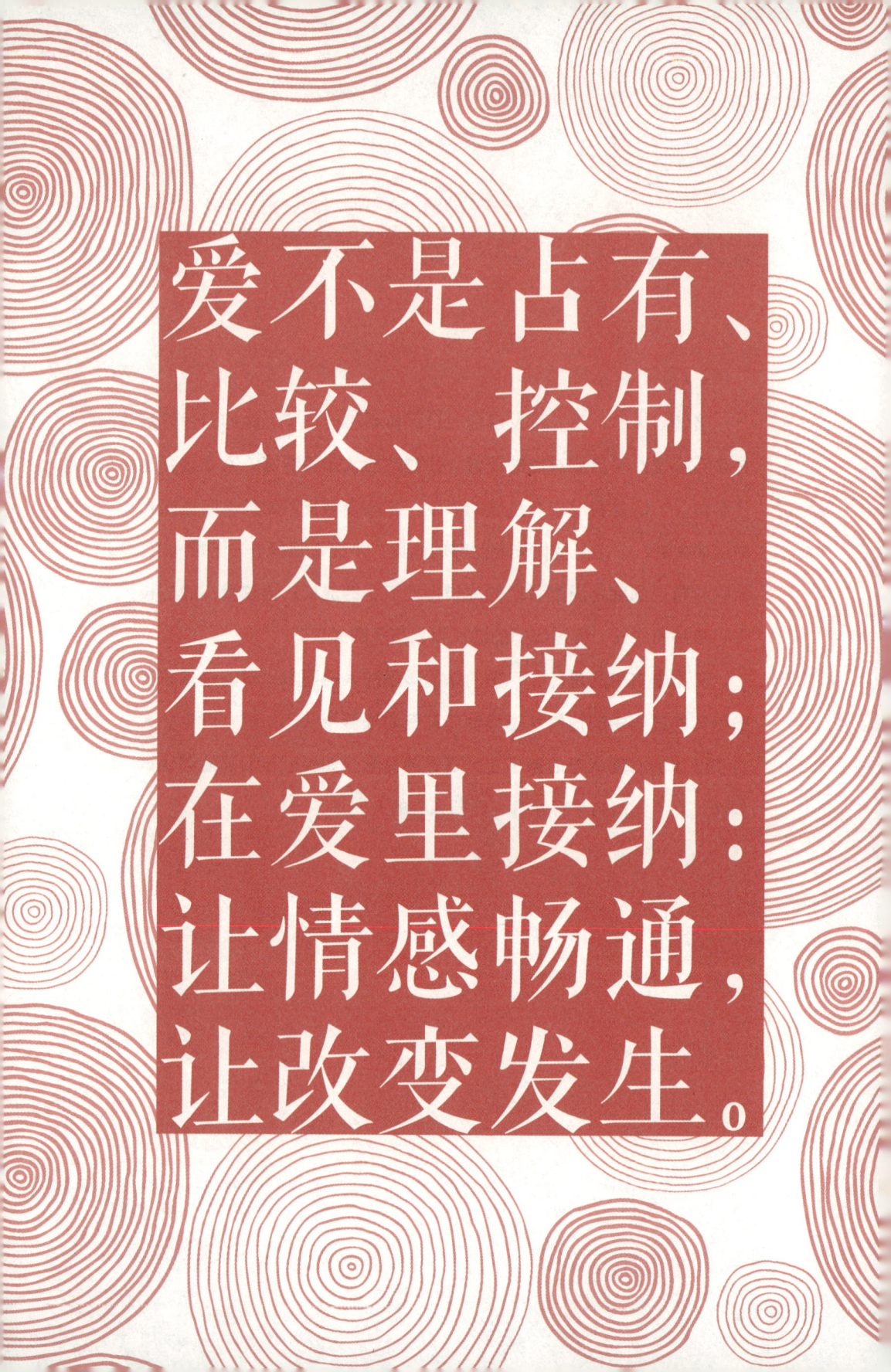

爱不是占有、比较、控制，而是理解、看见和接纳；在爱里接纳：让情感畅通，让改变发生。

· 4 ·
接纳
陪孩子走过逆反期

在人生的旅途中，每个人都会经历两个逆反期：3岁左右的"第一逆反期"和12～18岁青春期阶段的"第二逆反期"。而青春期阶段的"第二逆反期"无疑是其中最为关键和复杂的。对于孩子而言，青春期不仅是身体发育的高峰期，更是心理和情感世界发生剧烈变化的时期。面对孩子的叛逆与"躺平"，家长们往往感到束手无策，甚至陷入深深的焦虑与困惑之中。在孩子青春期这一关键时期，要如何帮助孩子平稳度过并重塑他们的人生目标呢？

我们要认识到，延迟性满足对于孩子成长的重要性。在孩子3～6岁的黄金时期，如果未能建立起良好的规则感，那么到了12～14岁的青春期，家长可能会面临前所未有的挑战。规则感的建立不仅仅是教会孩子遵守规则，更是培养他们自律、自我控制的能力。当孩子明白有些事情需要等待、需要努力才能得到时，他们便能更好地应对**青春期的诱惑与挑战，减少叛逆行为的发生。**当面对孩子的哭闹与不满时，家长不妨真诚地与孩子沟通，表达自己的不舍与担忧，同时陪伴孩子释放情绪，让他们感受到被理解和接纳。

然而，即使我们做好了充分的准备，青春期的孩子依然可能展现出令人捉摸不透的一面。他们的言语往往与内心的真实想法相去甚远，这让家长在与孩子沟通时倍感困惑。此时，**我们需要更加敏锐地观察孩子的行为举止，倾听他们言语背后的声音，理解他们内心的真实需求与渴望。**只有这样，我们才能与孩子建立起真正的信任与联结，成为他们成长道路上的坚强后盾。

在孩子的成长过程中，追星、沉迷手机等现象屡见不鲜。面对这些问题，家长首先需要保持冷静与理性，不要轻易给孩子贴上"不听话""不懂事"的标签。我们要尝试站在孩子的角度去理解他们，成为他们中的一员，才能找到教育的切入点。

值得注意的是，暴力教育永远不是解决问题的正确方式。无论是语言暴力、面部表情暴力、肢体暴力还是冷暴力，都会对孩子的身心健康造成极大的伤害。这些伤害不仅会在孩子的青春期爆发出来，更可能在他们未来的生活中留下难以磨灭的阴影。因此，我们必须坚决摒弃暴力教育，用爱、耐心与智慧去引导孩子成长。

此外，家庭关系对于孩子的成长同样至关重要，一个和谐、温馨的家庭环境，是孩子健康成长的重要保障。当孩子沉迷手机无法自拔时，家长不妨反思一下家庭关系是否出现了问题。通过增进亲子沟通、共同参与家庭活动等方式，可以建立起更加紧密的家庭联系，为孩子提供更多情感支持。同时，一个功能健全的家庭，也能够为孩子提供更多的学习与发展机会，让他们在未来的道路上更加自信与从容。

总之，面对孩子的叛逆与"躺平"，我们需要保持冷静与理性，用爱、耐心与智慧去引导他们成长。通过树立规则感、理解孩子内心、摒弃暴力教育、建立和谐家庭关系等方式，可以帮助孩子平稳度过青春期这一关键时期，重塑他们的人生目标。

01

延迟性满足：从 BJD 娃娃说起

——如何帮孩子树立规则意识

俭以养德，延迟满足，乃为至福。

我们都有过这样的体验，当我们小时候心心念念地想要一件东西时，往往不能立刻被满足，有时需要经过漫长的等待或者良久的努力才能获得，这个延迟满足的过程让我们的自控力得到了很好的锻炼。而延迟满足是我们的孩子在成长的过程中一定会去体验的，随着孩子年龄的增长，延迟满足的"训练"就会越来越难以实施。

女儿小的时候，我并不明白这个道理。我用尽全力给她创造好的生活条件，物质上对她非常娇纵，让她形成了想要什么就必须马上得到的心理预期。

在她 17 岁的时候，有一天我女儿抱着手机兴冲冲跑过来跟我说："妈，BJD 娃娃出新款了。"

我看着她说："太好了。"但是我心里想的是："惨了。"

那个娃娃的价格很高，也非常漂亮，可以化妆换装，甚至可以置换关节摆出各种造型，女儿非常喜欢。之前她每次问我要这个娃娃，我都是应允的。但是当时的我已经停止了之前的生意，家庭教育事业也才刚起步，并没有购买娃娃的预算。然而我想到，这或许是一个体验延迟满足的好机会，于是我继续饶有兴致地听她说。

孩子说："这次这个公仔是七寸的。"

我说："真好，点开看看什么样。"

她点开图片给我看，讨好地看着我说："妈，买给我呗。"

我说："哟，好漂亮，但是买不了。"

她看着我说："为什么？"

我说："这个月没这个预算，这个月的钱都用来学习了。"

她说："那把下个月的借过来。"

我说："借不了，下个月也有其他安排了。"

她说："这个娃娃才 4000 多。"

我说："真值。"

我不能说这个娃娃 4000 多元不值，那以前为什么买给她？

以前她跟我说："妈，你能不能六一的时候回来陪我？"

我说："回不去，你要什么礼物？"

"我要个 BJD 娃娃。"

"要几寸的。"

"九寸的。"

以前我用礼物弥补不在她身边陪伴的遗憾，可是今天我在，娃娃就免了。

所以我说："但是买不了。"

女儿看着我，急了："你还说你改变了，你还说你成长了，我告诉你，你还不如以前了。"

我说："是呢。"

我知道，这个时候一定不能做任何对抗，原则立场当然不能变，但是态度一定要好。孩子以前要娃娃立马就给，现在没办法给，这样的落差想让孩子立刻接受并不现实。孩子语气急躁，不往心里去就是了。

她接着说："我恨死你了！"

我依旧不语。

又过了一会儿，女儿说："妈妈，你活着呢吗？"

我说："是呢。"

"你给不给我买？"

"我买不了，真的做不到。"

她看着我，说："我跟你讲，咱们俩现在修复的所有关系到此为止，从现在开始，我又不原谅你了，你不要指望我还跟你好好说话。"

我说："妈知道了。"

她说："那你还在我这屋待着。"

我说："那我出去了。"

说完我就出去了，我的心里一点也不愤怒，因为我知道现在发生的事就是一个结果。要用气定神闲对峙她的年少轻狂，放平心态就好了。于是我就去厨房做饭了。

一会儿女儿又冲出来了："妈，我再跟你说一次，你能不能给我买最后一次，我保证最后一次。"

我说："第几次也买不了。"

她开始放狠话："我告诉你，我从今天开始不吃饭了，我饿死自己算了。"然后"咣"的一下关门回屋了。

做好饭我去敲门，说："闺女啊，我做好饭了，你吃不吃？"

她说："我都说了，我不吃饭了，你聋的啊。"

我说："那我自己吃啊。"

孩子扔过来多少钉子，我都不接过来扎自己身上。我好好吃完饭，剩下的我一咬牙，倒掉了。

该做晚饭时，我又去她房间问："你晚上吃不吃饭？"

"我不吃。"

"我再跟你说一遍，吃饭吗？"

"我不吃。"

"你不吃，我就做自己的了，要不浪费了。"

"好的。"

我真的就只做了自己的饭菜，吃完了回房间开始算计，以女儿今天的能量储备，她能饿几天。女儿发现饿自己两顿妈妈都没投降，她自己先出来了，又开始换招数。

女儿走过来一下躺进我怀里，说："妈。"

我说："哎。"赶紧伸手过去摸摸她的头。

她说："妈，你知不知道我的童年多孤单？"

17岁的孩子会打感情牌很正常，3岁的她不会这么干，只会满地打滚。

我心里其实和明镜似的，但是没有表现出来，顺着她说："知道，妈特别后悔没陪着你。"

"那你知不知道我孤单的时候都谁陪我？"

"我知道都是 BJD 娃娃陪你，可是陪你的那十几个娃娃不都在墙上吗？咱要买的这个也没陪过你啊，现在也不用它陪你了，以后妈妈都在呢。那你要妈妈化妆还是换裙子，你告诉我，换关节是换不了，但是最起码我比它有温度，我是活的，对吧。"

她看着我说："我真的跟你保证，就买最后这一个。"你信她才怪。

我语重心长地说："宝贝啊，真的不行，你知道妈以前做生意，在用钱方面可以大手大脚的，但是现在妈妈做家庭教育了，这个行业真的不支撑我们消费这么高端的娃娃，不过我相信未来靠你自己努力一定可以买，到时候记得给妈妈也买一个，有一个七寸的娃娃，我一直挺喜欢的。"

我女儿脸色瞬间就变了："就是咋说都不行是吧。"

我说："是的呢。"

"咣"，门又关上了，就这样扛到第二天、第三天。

"娃娃5点下架，我给你最后一次机会。"女儿来给我下最后通牒了。

我说："这机会我能放弃吗？你要生气，你就冲我发发火，你发发火心里能好受一点，我扛住就好了。"

下午4点钟，女儿在屋里喊我："妈，你来一趟。"

我进去坐在她旁边，她此时已经有点绝望了，她发现我一定是不给她买了。

到了5点钟，娃娃真的没了，女儿跟我说："妈妈，你能不能告诉我为什么不给我买，真的是没有这4000多块钱吗？"

我说："妈真的觉得现在不需要这些外界的东西去填补情感的匮乏了，请你给妈妈一个机会，让我替代BJD娃娃好好地陪你。"

我讲完这句话就哭了，以前我是拿钱陪她，今天我拿自己的耐心陪她，拿一个妈妈早应该有的那份守护来陪她。

她看着我说："妈，我知道了，我不要了。"

很有意思的是，过了六个月，因为要给一个家庭教育的基金会捐赠一笔善款，我那段时间的确不太富裕。

我说："妈还有 5000 元的任务没完成，可是想想好像也不太能完成了，我有点沮丧。"

我女儿问："还有多长时间？"

我说："还有三天。"

她说："妈，我发现我手里有一个娃娃，现在市值翻了一倍，我觉得它在那里放着，养护费用也挺高的，没啥意思了，我二手转出去，能赚 8500 块钱。"

我说："那还真不错。"

她说："我捐 5000 块钱给你。"

我惊喜万分，说："好呀，谢谢女儿，你真棒！你是妈妈的骄傲！"

后来我女儿就不要娃娃了，她开始卖娃娃，因为娃娃真的不代表什么也不承载什么了，它没那么重要了，她对娃娃的欲求降低了。我用我的坚持让孩子体验了欲求无法立刻被满足时的"自制"，也通过这件事，唤醒了孩子通过取舍"创造"价值的意识。我知道，成就这件事的基石其实是母爱的回归，当爱回到它应有的位置，教育其实是越走越简单的。

02

不要被孩子的语言所蒙蔽

——听懂青春期孩子语言背后的心声

理解孩子的内心世界，是沟通成功的关键；而倾听孩子的无声呼唤，则是父母爱的最高体现。

有的家长跟我说："孩子学习学不好就着急，烦死我了。"

我告诉她："这个状态还不是最糟糕的，糟糕的是学习不好，她都不急，这才是棘手的。"

我女儿在辍学之前就有过一段这样的状态，当时她正处于青春期，我们的日常沟通就是互相攻击。

她在放学后，晃晃荡荡地就进屋了，跟我说："妈，我考试成绩下来了，考了100分。"

我说："什么考100分？"

我的第一反应不是高兴，反而心想今天太阳打西边出来了，还是她体育考100分？

只听她满不在乎地说："语文、数学、英语加在一起刚刚好100

分，巧了！"

我一听就倒吸一口冷气，但是那个时候，我们的亲子关系已经到了水火不容的地步，如果我批评她，接下来一定会爆发战争，所以我必须得忍。

我发现我在教育孩子的过程中，一直在退让，一开始是"80分不行啊，我告诉你，80分我弄死你！"然后是"60分不行啊，敢不及格，我把你腿打折"。

我这才发现自己始终都在跟孩子吹牛，一直在用做不到的语言恐吓她，孩子如今三科加在一起100分，我又能如何。

我只能说："我知道了。"然后去厨房，关上门拿刀"铛铛铛"地剁肉。

我内心愤怒啊，比三科加一起100分更离谱的是什么？我女儿"哐"的一声把门推开，吊儿郎当地靠在门上，一脸的无所谓，就好像看破了红尘一样。

她跟我说："哎，你什么感受啊？"

我一边剁肉，一边说："没感受。"

因为感受对我来说太奢侈了，有感受就要吵架，我跟她吵架吵得我都烦了。

她好似漫不经心地说："哎，你觉得我还有必要上学吗？"

其实如果我那时候学过心理学，就能听出来孩子要表达的不是"我不上学了"，她想表达的是："上学的我是别人的笑柄，我一点自信都没有，我卡在这里了，妈妈，我遇到困难了，你能不能帮帮我，别让我成为别人的笑柄？"这才是青春期的女儿最真实的声音，但是那个时候的我根本不理解。

这种情况，以前的我会说："是我让你成为别人的笑柄的吗？你自己不努力，不好好学习，现在成为别人的笑柄了，你不上学你去做流氓啊！"

这就是过往我的表达。不仅如此，以前女儿考试不及格我会训斥她：

"你咋想的，你都能考不及格，你上学都干吗去了？你还上学干吗！你算白学了，我算白供你了，白养你了，你上学一点意义都没有！"

试问，我们作为父母，要跟孩子表达的到底是什么？是希望她上学，还是希望她辍学？这样的沟通其实是在告诉孩子："你可以辍学，你可以厌学，你可以不学习。"而我们内心所想，恰好和我们说出口的相反。

十多年前我没听懂女儿心里的呼声，她在呼唤："妈妈，你帮帮我跨越这个障碍吧！不然我的生命都没有力量了。"

我听不懂，我听到的只是女儿在说："你觉得我还用上学吗？"

当时我把刀放下，必须放下，实在是怕自己忍不住。

我看着她说："你不上学干吗去啊？你不上学未来怎么活呀？"

"你养我呀！"

"我又不能养你一辈子啊。"

"我没让你养一辈子啊，你养多大算多大，你挣钱不都是给我花的吗？你不就这么说的吗？那你一直养我好了。"

"那我有一天养不了你怎么办啊？"

"养不了我了，一块儿讨饭呗。"

天哪，我听到这句话的时候，真的是想哭都找不着调门了。后来我学习心理学后，仔细地去对应，发现这些话都是我说过的，这些概念都是我灌输的。我用这些负面的语言传递我的担忧和焦虑，导致我在教育这条路上越走离孩子越远。

和青春期的孩子沟通，绝不要被他的语言所蒙蔽。在那段令人焦灼的对话之中，女儿那看似无所谓甚至带着挑衅意味的话语，实则是她内心极度挣扎与无助的反应，看到它，我们才有抓手让沟通进行下去，才有机会听到孩子内心最真实的声音，才有可能帮助孩子穿越生命的迷雾！

03

女儿追星不学习，我是怎么做的

—— 如何与孩子同频共振

教育的本质是心与心的交流，而家长的理解与支持是孩子成长的阳光和雨露。

我女儿13岁的时候，喜欢追星，每天什么都不想，满脑子全是组合"东方神起"里的一个叫金在中的歌手，她写作业时，我推门进去一看，作业本比脸还干净，我直接火冒三丈。

女儿双肘支在桌子上，双手托腮，醉眼迷离地看着墙上金在中的海报。

我站在海报前，指着海报说："你看着我，我问你，他脸上有答案吗？他能让你考100分吗？"

女儿说："谁让你进来的？"

我说："我自己家为什么不能进来？我现在再问你一次，你看他有什么用？"

我女儿跟我说："我拜托你，能不能出去，你能不能离开我房间？"

这个时候我们两个已经不在一个频道上了，我伸手"哗"的一下把海报撕了下来，把它揉碎丢进了垃圾桶。

我说："我走也得带走它。"

等我转身走到门口的时候，我女儿在后面喊了一句话："王立宁，我这辈子也不原谅你！"

当时我真的觉得匪夷所思，养了你13年，就因为一张海报朝妈妈大喊大叫，还要一辈子不原谅我，金在中认识你是谁吗？关上门，我简直气得肺都要炸了。

然而，我回忆自己十三四岁的时候，看到一个场景，连我自己都笑了！上初中的时候，我最不喜欢的课就是数学课，老师在上面讲课，我在下面玩文具盒。我的文具盒是铁的，一打开里面有个凹槽，上面抄的课程表，把课程表扒下来，露出一张大头贴，上面是黄日华、翁美玲和刘德华。

我把书立起来挡着脸，然后双手托腮、醉眼迷离地看着刘德华，这一场景真的跟13岁的女儿重合了。

我当时就想，他驾着金马车来，我就跟他去香港，离家出走，抛爹弃娘我也要跟他走。有一天我妈看见我的文具盒里面那些大头贴，非常生气，她用小扁铲把大头贴从头到尾铲了下来。天哪，我不知道牺牲了多少根雪糕才攒钱买的大头贴就这么被毁了。

那一刻的我心里也是这么想的："我一辈子都不原谅你。"

回想到这里，我突然就理解了我的女儿。

过了一段时间，我问朋友，北京有没有东方神起的演出，朋友跟我说："恰好一个星期以后就有，不过早都没票了。"

"能不能不惜一切代价弄两张票？"

"黄牛票是有的，但是很贵。"

"没事，不惜一切代价买最好的。"

当时的我真的孤陋寡闻，我想一个演唱会的票能多贵。朋友告诉我多少钱的时候，我整个人都蒙了，脚底板也麻了，一个演唱会的票怎么可以贵成这个样子？心里流着血买了两张票，带上它去接女儿。

女儿上车后，我说："妈有个礼物送给你，打开储物箱看一下。"

她打开储物箱，把票拿出来："咦——咦——咦——哇！"

女儿把票举得高高的，整个人快从座位上弹起来了，扑过来搂着我的脖子，把我所有裸露的地方从上到下亲了个遍，我整个人呆若木鸡。我当时想："天哪，感谢金在中的八辈祖宗！"

我女儿开心地说："妈，你咋了？"

我说："没事，咱们去看演唱会。"

"妈，你想干啥？陪我去看完这个演出，你有啥要求？"

我说："没有任何要求，妈就是突然明白一件事，如果我13岁的时候，你姥姥跟我说'立宁，收拾行李，我带你去香港看刘德华演唱会'，那妈妈今天说起姥姥，眼睛里流转的一定是满满的爱，我一定是一个内在超级富足的人。"

我女儿说："但是姥姥没那么做。"

我说："对，但是妈妈千年的媳妇儿熬成了婆，今天我当妈妈了，我可以这么做。"

我女儿鼓着掌说："妈妈，你好伟大哟！"

我一边开着车一边想，这个伟大受之有愧啊！你只是允许孩子去体验她这个年龄想体验的东西而已，你只是支持了她。在这个时代，年轻真好，不是吗？

路上堵车两个多小时，我女儿一直跟我讲金在中的事——几岁出道，他妈妈怎么支持他，他妈是什么星座的，金在中是什么星座的……

听到这里，我问："那你知道我是什么星座的吗？"

她说："对呀，妈，你是什么星座的？"

我心说自己这个妈当得何其失败，女儿都不想知道你是什么星座的，却知道偶像的妈妈是什么星座的，因为她知道那个妈妈是支持孩子的妈妈，而我不是。

到了演唱会那一天，我才知道什么是开心，真的好开心啊！一瞬间我就被欢乐的海洋给浸染了，唯一略显不协调的是，演唱会现场没有我这么大年纪的人。

我想："花了这么多钱，干吗不尽情开心一次呢？那个巴掌我也拍！那个荧光棒我也挥！我也喊！我也尖叫！我年轻的时候都没有机会跳起来去喊。"

金在中下台来握手，因为我们是第一排，到我女儿了，她整个人呆若木鸡，像被电了一样。换作以前我一定会跟她说，有什么了不起的，但是当时我就在想，如果自己13岁的时候，刘德华跟我握手，我也会被电到，这不是很正常吗？

我踢她一下，说："你快点，还有我呢！"

金在中过来跟我握手的时候，我也觉得好兴奋！那一刻，我突然发现自己好像变成13岁的小姑娘了，旁边好多孩子指着我一直讲一句话，我也不知道在讲什么。

我女儿跟我说："妈，你淡定一点，你坐下！"

我纳闷:"怎么了?"

她说:"她们在喊你。"

我说:"她们喊的什么,我听不懂!"

"欧巴桑。"

"啥意思?"

"大妈。"

"她们会觉得我是很可爱的大妈。"

女儿笑了:"妈,你现在的确挺可爱的,可爱得有点过头,感觉你比我还兴奋!"

对啊,我就是很兴奋,那一场演唱会很快就过去了,我感受着孩子的快乐,我因为陪伴她,分享到了她的快乐,而不是因为陪伴她,牺牲掉了自己的快乐。

以前孩子小的时候,我们跟孩子玩扔球扔得都很烦。如果我们把自己也当成一个孩子,开心地扔扔球,是不是也很好?一天的工作那么辛苦,成天看老板和客户的脸色,终于能和孩子在一起了,我们一起好好地玩一下,哪怕折个纸飞机扔一扔,多开心啊!所以不是我们在为孩子付出,而是孩子给我们带来了快乐,只是从前的我不懂得享受。

我开始转换自己的思维,不再制止女儿追星,而是陪伴她一起了解她喜欢的那些明星、歌曲和影视剧,我开始走进她的世界。从这一刻开始,我突然发现,我们之间隔着的某种东西没有了,我们的距离拉得很近,她和我在一起的时候有很多话题可以聊。她教了我很多以前我并不知道的常识和知识,这一刻我内心充满了温暖和感动,我发觉我的女儿让我又年轻了一次。所以,成为孩子的这个年纪,才能拥有和他同频的状态，才能够适当地引导他。逾越两代人之间所谓的代沟其实很简单，就是同理他，成为他，和他一起与时俱进地融入现代的社会潮流中。

后来有一次，我和一个朋友的孩子聊天，聊起东方神起组合里面每一个成员的背景和爱好，以及他们成功背后的励志故事，她很惊喜地对我说："没想到立宁阿姨这么潮，您和我没代沟，也谈得来。"

因为我在用同理心去和她沟通，东方神起是她的偶像，刘德华、周润发也是我年轻时的偶像啊，我可以代入年轻时的心境去呼应她。这种利用同理心的沟通还有另外一个作用，就是你会保持内在的年轻，不会被时代淘汰。就像前面提到过的"过去的自己是现在的孩子，未来的自己是现在的父母"，你和孩子、父母都合一了，你和过去的、未来的自己也就合一了。

很多时候，家庭教育差的是什么？是心与心的距离。想一想，青春期的时候，你是不是渴望有一个能够理解自己、支持自己的父母？我们现在有一个青春期的孩子，那就变成自己青春期所期望的那样的父母就好了。

带着孩子"追星"这件事，后来成为一个我和孩子探讨梦想的契机。

孩子看完演唱会回来，一直在兴奋的心情中回味。她对我说："妈，你说有什么办法，让我可以经常见到我的偶像？"

我想了想说："那可能得知道他平时都在做什么。"

女儿没说话，我看出她在思索。

我说道："闺女，有什么职业能让你和你的偶像经常打交道？"

女儿说:"可以给我的偶像化妆。不过好像化妆师也没很多机会和明星聊天,他们的身份不对等。"

我启发道:"还有呢?你觉得今天的演唱会办得怎么样?"

"我觉得舞台设计还可以更酷一些。"女儿的脸上突然有了光,"对了,我可以做他的舞台设计师!"

接着,女儿侃侃而谈她对这次演唱会舞台设计的想法,我们一路聊到了家。

后来的日子里,我们一起仔细研究了成为舞台设计师需要的专业知识和技能,扫描了开设相关专业的院校的录取条件,最后设定北京电影学院作为她目标"靶子"上的其中一环。

女儿在考上北京电影学院以后,逐渐找到了新的热爱和目标——制作电影氛围图。她已经忘记了当初的偶像,然而在那段厌学的岁月里,曾经的偶像点燃了她梦想的火把,给了她一个主动学习的理由。

这一切都发生在我开始同理她之后,当我的心和她的心开启了相同的频率,教育就顺势而为地发生了。所以,**家庭教育的本质是父母与孩子心与心的交流,父母的理解和支持才是孩子成长的阳光和雨露。**

04

我们禁止孩子做的，
青春期他们会再做一遍

—— 不过度管制，让孩子体验他该体验的

堵不如疏，禁不如引；适度尝之，自然释之。

成长的过程中，孩子偶尔会挑战我们，做一些我们曾经禁止的事。其实，我们可以把孩子经历的任何一件看似不好的事情，变成一种动力。比如有的孩子追星，青春期的孩子有偶像是一件非常正常的事。偶像，作为他们心中的一种理想化形象，往往能够激发他们追求梦想，成为他们成长过程中的重要动力。

又比如孩子到了某个年龄段，就想吃垃圾食品，有些父母总想着去阻止。但是仔细想想，我们是孩子的时候，都经历过这样的阶段。

不知道你有没有过这样的经历，放学后，一定要去校门口小店铺买一根滴着油的辣条，迫不及待地在回家前偷偷吃掉它。我也有过类似的经历。小时候家里卫生条件很好，我妈对食品卫生要求很高，可是我小时候最喜欢吃学校门口老丁头儿卖的野果子。记忆中的老丁头儿长长的指甲里面全是黑泥，装糖的碗脏得不像样子，野果子往里蘸一下，卖1毛钱一个，我天天买着吃，身体一样倍儿棒。其实孩子到哪个年龄，就让他去体验这个年龄该体验的，家长大可不必如此焦虑。

我女儿小的时候，我还不能想明白这个道理，所以她被管得特别严，我从来不允许她在学校门口买零食。

放学时，女儿躲在人群后面，一路钻到小卖部，买两根辣条，回家后蹲在冰箱后面偷偷吃，吃完把嘴巴一擦，看见我，"妈"字刚一出口，一股冲冲的油味扑面而来。

我开始审讯她："你是不是又乱吃东西了？"之后还得使劲骂一顿。

不允许孩子体验他这个年龄段要体验的东西是不客观的。我们有时候逼孩子吃他不喜欢吃的东西，禁止孩子吃我们认为不健康的东西，这些行为其实都是在过度管制。

比如有的家长觉得西红柿有营养，就逼着孩子吃，我真的见过一个成年的来访者，吃西红柿就吐，因为妈妈从小到大就逼他喝西红柿汤，吃炒西红柿、西红柿酱。

今天的时代已经不需要依赖某一种单一食物去汲取营养，补充营养元素的途径很多，不需要强迫孩子吃某种东西，也别禁止孩子绝对不能吃什么东西，食物的刺激会给人带来满足感，这个满足感被过度干预后，孩子以后就容易形成报复式的补偿。

现在不是只有小孩子爱吃垃圾食品，很多大学生也爱吃，大学宿舍里面有很多辣条、火鸡面的包装盒，他们就是小时候被禁止吃这些的孩子，他们的心思很简单："上大学父母总管不了我了吧，我一个月的生活费总可以买些垃圾食品吃吧，还得使劲吃！"

为什么会报复式补偿？因为父母不让孩子碰的东西正是他求而不得的，求而不得的东西始终在心里挂念，父母越说这个东西不能碰，就越是跃跃欲试。家长如果能把好关，让孩子适当体验他在那个年龄段想体验的东西，反而不会造成什么不好的影响。

相比过去，现在的孩子自由度少了很多，常常处于家长的严密监管之下。回想我们小时候，放学的路上无人看管，偷偷吃点零食也不会被发现。而现在，孩子们像是被从家中"真空"传送到学校，再被老师交还给家长，他们几乎没有自由的空间去做自己想做的事情。因此，如今的孩子更容易感到崩溃和发狂。**这背后的原因是什么呢？很大程度上是他们缺乏机会去体验和尝试。他们内心充满渴望，想要去尝试新事物，但父母往往因为各种担忧而阻止他们。**这其实是我们的执着和认知，需要被打破。每个时代都有其特定的产物，我们不能回避，也不能过度压抑。

我女儿小时候有两样东西是我绝对不让吃的：一个是辣条，到今天她还是喜欢；另一个是肯德基，但她现在真的认为肯德基只是快餐食品而已。

小时候，她偷吃肯德基，看到我过来，赶紧把那一口咽下去，结果噎着了，眼泪都掉下来了。那次我真的很生气，但现在想想，不免心疼孩子。为了吃点炸鸡，她都要小心翼翼地偷着吃，我的控制欲真的是太可怕了。

我学心理学以后，反思起了我的这个行为，于是，我做出了改变。

有一天我去接她放学，告诉她："今天不做饭了。"

她说："为什么？"

"今天去吃肯德基。"

她说："妈，你咋了，不是说肯德基是油炸的垃圾食品吗？"

"垃圾那么多人吃，也没见谁吃坏了，没事，今天就吃肯德基，以前管你管得太多了，别的孩子都能吃，为什么我的孩子不能吃？"

我带着她去了肯德基，她站在柜台前面问我："妈，我能点啥？我能点几样？"

要知道，我的孩子那个时候已经16岁了，想一想不由得我一阵心酸！

我说："都能点，想吃什么点什么。"

"真的吗？"

"当然真的！"

"给我来个全家桶，"然后她想想又说，"可是全家桶里还有几样没有。"

"没关系，缺啥都可以点。"

我很清楚她肯定吃不完，点的东西摆满了一桌子，我们两个坐在那儿，谁路过都会看一眼，好奇这两个人怎么了。

家长在条件允许的情况下，尽量不让孩子感到物质上的过度匮乏，否则她就一直想要，总想补偿自己。

孩子使劲吃了一阵，最后说："我吃不完了，妈。"

我说："没事，拿回去了微波炉热热，晚上再吃。"

我突然发现吃肯德基有很多好处，以前总觉得垃圾食品一无是处，今天我不用买菜，不用择菜，不用做饭，不用刷碗，什么都不用做了。

我说："太好了！明天早晨还吃它。"

中午我去接孩子，她问："妈，中午吃什么？"

我说："麦当劳好不好？"

我女儿看着我说："你是专门治我的吗？"

"不是啊，妈以前真的亏你太多了，现在全补给你。"

到麦当劳以后，她就有变化了，犹豫吃什么，心里也没有那么渴望，开始脱敏了，点了两三样东西，勉勉强强地吃了一下，感觉垃圾食品好像也不那么香了。

第四天我们吃德克士。

第五天吃汉堡王。

到第六天，她说："妈，随便煮个方便面、煲个粥都行，哪怕你不想做饭也没关系，我们能不能别吃快餐了？"

从此以后，快餐食品对她而言不再是可望而不可即的东西了，她跟我讲话都开始改变，以前她会说："好开心啊，我今天吃了个汉堡。"但是后来会说："哎呀，剧组好抠门啊，就给我们个汉堡。"这个东西她体验了，她也就能放下了，自然而然就好，不要草木皆兵，强行禁止"一刀切"，这是为人父母在教育过程中太容易犯的错误了。

05

为何我们与孩子渐行渐远

——气定神闲的父母才能抱持叛逆的孩子

用暴力熄灭成长之火,只会让叛逆的灰烬随风飘散,留下一片荒芜。唯有理解与爱,方能滋养心灵,让成长的花朵绚烂绽放。教子须以德,怒责伤其情;青春如野马,定气乃为缰。

和谐的亲子关系,无疑是天下所有父母心中渴望的状态。然而,当下的家庭教育现状却堪忧。我从事与家庭教育相关的心理咨询工作已近十年,其间遇到了无数陷入困境、感到无助的父母,以及众多充满叛逆情绪的孩子。许多父母与孩子的关系,在孩子成长的过程中,会逐渐失去那份原有的和谐,矛盾与冲突也层出不穷。这种关系既无法轻易解除,又难以割舍,从孩子降生直至父母离世,都会如影随形地伴随着彼此。而这些矛盾与冲突,大多源于教育孩子的过程中的互动。教育孩子本是父母的天职,但在实际操作中,往往会发现,当我们试图管教孩子时,他们却并不愿意接受我们的管教,对立情绪也就因此而产生了。在这样的对峙与抗拒中,父母与孩子之间的关系渐行渐远。

一个令人痛苦的恶性循环就此展开：由于你与孩子之间的深厚关系，你深爱着他、在乎着他，于是你试图改变他、教育他。然而，他却并不领情，甚至产生对抗情绪。在这样的对抗中，你们的关系逐渐失去了和谐，开始疏远，甚至滋生仇恨！接下来呢？由于这种疏远和仇恨的亲子关系，教育变得更加困难重重。你希望他向东，他却偏偏向西，关系越来越糟糕，教育也变得越来越难。就这样，恶性循环不断持续，周而复始。

问题的根源究竟在哪里呢？

我们需要重新审视我们对教育的认知。教育绝不是简单的管教，绝不是控制，更不是对立、打骂和咆哮。 当他还小的时候，或许这些手段可以让他暂时听从你的安排，但这会给你造成一种错觉，以为这种教育方式或手段是有效的。然而，随着他逐渐长大，这些方法就会逐渐失效，甚至可能让他变得离经叛道。

我女儿四五岁淘气不乖的时候，只需要一个眼神就能让她特别害怕。

然后她会走到我身前说："妈妈，我知道错了，我乖，我改。"

当时我觉得这个教育方式很好，之后用"脸色"约束了她几年。六七岁的时候，这个方法开始收效渐微，继而转变为大声训斥，她害怕了，听话了，"狮子吼"又成功地约束了她三年。她12岁的时候，"脸色"和"狮子吼"都不管用了。

你对她吼，换来的就是："喊喊喊，你就知道喊，你知不知道你多狂躁，你爱跟谁喊跟谁喊，我不听你的。"然后"咣"地把门一关，直接不理你了。那时候想不到别的办法，只能升级为动手打。但是12岁的孩子，她会直接反抗，到现在我依然清楚地记得，女儿和我对打的那一刻，我有多愤怒！但是直到现在想起打她的场景，心都会隐隐作痛。想想，哪个父母打孩子不是无计可施以后的恼羞成怒呢！也就是那个时间段，孩子和我之间的关系开始彻底破裂，她开始回避和我相处、交流，从来不主动亲近我，她的心对我关了一道上锁的门。

在这段亲子关系中我犯了一个常见的错误：**过度依赖单向掌控和负面强化的教育方式。这种错误的教育方式长期压抑孩子，给她的青春期叛逆奠定了基础。**

在女儿小的时候，通过严厉的眼神或者大声吼叫让她感到害怕并改正行为，这看似一种"有效"的教育方式。实际却是利用孩子的恐惧，而非真正的理解和引导。随着孩子年龄的增长，这种单一的负面强化（如"脸色"和"狮子吼"）逐渐失效。孩子开始学会抵抗，甚至对恐惧变得麻木。同时，这些方式也损害了她的自尊心和她对我的信任感。

到孩子 12 岁时，对负面强化产生抗性，我再次错误地选择了更严厉的手段（如动手打孩子），但是问题不仅没有得到解决，反而加剧了孩子的恐惧和叛逆心理。我们的亲子关系因此彻底破裂，她开始回避与我相处和交流，甚至对我产生了敌意和反感。那一刻，我终于意识到自己的教育方式已经走到了尽头。

现在回想起来，整个过程中我缺乏对孩子的双向理解。我没有真正尝试去理解她内心的需求和感受，而是单方面地施加压力和控制。这种缺乏双向理解的教育方式最终导致了孩子的疏远和反抗。**过度依赖负面强化和惩罚不仅无法培养孩子的自律和责任感，反而可能引发孩子的叛逆心理、自卑感甚至心理创伤。**

所以如果今天我们还用暴力教育孩子，不管是语言暴力、表情暴力、声调暴力，还是肢体暴力、冷暴力，只要你还在用暴力束缚和约束你的孩子，你的孩子早晚有一天会叛逆。

我经常讲一个案例，因为它给我的冲击很大。有一次，我去学员家里家访，看到墙上砍的都是刀印，我的孩子就算再叛逆，和我有过推搡，她也不会动刀砍我。可是那个学员的孩子动刀要砍自己的妈妈，甚至飞起一脚踹到妈妈的心口，那个妈妈整个人被踹出去好几米，躺在地上号啕大哭，真的太伤心了，自己的孩子怎么可以这么丧尽天良！

我问她："孩子小时候，你有没有打过他，骂过他？"

她说："有，孩子小的时候我脾气不好，经常揍他，不是打脑袋就是拧脖子，然后经常掰他的笔，撕他的本子，可是9岁以后我没再打过他啊！"

我说："就是9岁之前的积累，到今天十二三岁，情绪彻底爆发了。"

自此她开始认识到这个问题，开始慢慢地改变，从改变行为一直到和孩子慢慢地修复情感，半年的时间她再也没有冲孩子发过脾气，也没有再打骂过孩子，他们的亲子关系逐渐缓和。

后来，突然有一天她跑来找我，抱着我就哭，她说："立宁老师，我今天终于听懂了你说的那句话，青春期叛逆，打我攻击我的不是我青春期的孩子，是我之前给他带来的所有的压抑和委屈的情绪。"

这一刻她看到了青春期的孩子就像是一匹奔驰着却没有缰绳的野马，一个情绪管理良好的父母，一个好的家庭关系才是野马身上的缰

父母情绪稳，孩子有底气

绳。当你的孩子处于青春期的时候，他的身体发育造成了荷尔蒙失调，本身就易怒，同时情绪难以自控，因为在自我发展的过程中，他还没有获得平衡，还在不断地磨合和寻找自我，他还没有完成自我整合，所以在这个时期，孩子很容易失控。**最好的情绪安慰是什么，是父母的气定神闲。**所以我讲一句话，家长让自己进入气定神闲的状态，才把持得住青春期孩子的年少轻狂。

我还经历过一个案例，早晨我在咨询室做准备的时候，一个妈妈突然冲进来，坐在我对面就哭。我问她怎么了，她把袖子一把撸起来，说："老师你看，我家孩子挠的。"胳膊上面一道一道的血痕，看起来触目惊心。

她说："我女儿14岁，今天早晨在车里，我和她打起来了，她还要跳车，我能让她跳车吗？我就抓她，她反过来就挠我。"

接下来，她哭了一会儿，哭完以后我才开始协助她还原事件。

我说："和孩子对打之前发生了什么？"

她说："我们吵架了，越吵越生气。她要下车，我不让，就拉着她，结果打起来了。"

我说："为什么会吵架？"

她说："还不是经常吵嘛，一说她就顶嘴，她从来就没听过我的话。"

我说："为什么要她听你的话？"

她说："她是孩子，就得听话啊。"

我说："刚刚是谁和谁在打架？"

她说："我和孩子啊。"

我说:"你是她的什么人?"

她说:"妈妈。"

我说:"所以,刚刚是谁和谁在打架?"

她说:"孩子和妈妈。"

我说:"你确定孩子是孩子吗?"

她说:"当然是。"

我说:"妈妈是不是一个孩子?"

她说:"不是。"

我说:"不是孩子,怎么会和孩子打起来?"

这位妈妈当时愣了一下,然后破涕为笑:"对啊,想想也是,我那样也不是一个成熟大人的状态,可能气晕了吧。"

"没错,父母已经是一个大人了,有情绪的时候都会失控,何况孩子呢?"

后来,这位妈妈的确看到了自己沟通表达的问题,也知道那一刻的她不是妈妈该有的状态了。青春期的孩子容易情绪失控,可以说是她的生理和心理的特殊时期导致的。作为父母,一个四十几岁的成年人,能和一个14岁的孩子大打出手,请问那一刻是不是她也像个14岁失控的孩子?

所以,青春期孩子的这些现象能不能顺利控制,会不会形成对抗型人格,就看这个时候的父母怎么做。我们陪他平稳度过青春期的关键在于,我们要成为父母该有的样子,孩子就会成为孩子该有的样子。父母作为成年人合理自洽的能力是不是应该比孩子强?对待事物看法的全面性是不是应该比孩子强?但是今天在教育这件事情上,很多父母永远放不下自以为是,永远放不下无效的陈旧教育模式,一直重复错误的动作。

如果我们能够"以子为镜",借由孩子青春期的种种表现对应自己,一定会让情况变得越来越好。养儿育女的教育过程可以让我们更成熟、更从容、更淡定,让自己更趋于父母应该有的状态。如果父母做不到这一点,与孩子对立或互相伤害,这个"叛逆期"可能会延长。

我见过四十几岁还和父母打架,打得老死不相往来的;我也见过对爹妈没有一点好脸色,积压的愤怒在父母年老后爆发出来的,生命重演的是什么样的戏码啊!

孩子小的时候,你训斥孩子:"我说没说过不让你吃糖,我喊三个数,你给我放下。"

等你老了,你的孩子就会跟你说:"我说没说过,你的血糖、尿糖都多高了,你能不能让我省点心,你把糖放下行不行?"

历史在重演,我们重演的应该是温柔以待,而不应该是通过训斥来表达爱与被爱。

青春期并不等于叛逆期。孩子生命的早期,我们用错误的教育手段得到了一个正确的教育结果。孩子到了青春期,我们还在沿用这种教育手段,没有给到孩子很好的支持,他才有可能出现叛逆行为。这种叛逆可能会因为错误的教育方式和情感交互变成永久性的特征,形成对抗型人格;如果孩子在青春期的所有张扬、自我认知和情绪都被压抑,他们可能会持续叛逆到成年甚至老年。因此,我们应该避免延长孩子所谓的"叛逆期",不与他们的叛逆行为对峙,而是要通过气定神闲、春风化雨的方式,帮助他们平稳度过这个重要的成长阶段。

06

一片沙漠只能孕育出仙人掌

——看见孩子的本色，重塑孩子的生命内核

教育的本质不是把篮子装满，而是把灯点亮；养育的关键不是改变环境，而是塑造内核。

有一位妈妈来找我咨询的时候，她说："我的小孩儿奇怪得很，我想给他换个好的学习环境，费了九牛二虎之力给他办好转学手续，为此我还买了房子，结果他说'让我转学，我就死给你看'！"

这个孩子在班级里有几个好朋友，都是学习后进少年，经常惹是生非，跟老师对抗。

那个妈妈说："我就是出于这个原因才让我的孩子换个环境，不要被别人影响。"

我跟这位妈妈说："如果让你给孩子的状态做一个描述，用任何一个事物做比喻都行，比如动物、植物，你觉得他像什么？"

她说："老师，他像个仙人掌，不能碰，一碰就扎，一句话都不好好讲。"

我说:"好,那你告诉我,仙人掌成长在什么样的环境里?"

那个妈妈停顿了一下,但是她反应很快,直接就急了:"你这老师怎么回事啊?我等你的咨询,等了一个月,你现在用言语攻击我,你以为我听不出来吗?你在含沙射影呢!你在说我的家里是沙漠吗?你都没去过我家,你怎么知道我家是沙漠?"

她的语言非常犀利,我就一直默默听着,笑着看她。

我说:"还有呢。"

她说:"你不要以为你态度好,我就没有愤怒了,我告诉你,我得投诉你。"

我说:"好,我知道,还有吗?"

她讲了几分钟,突然停下来。

当对立发生的时候,如果你去还击,力会不断地增加;你只要不去反击,力反而会慢慢减弱。我承接那个妈妈全部的负面情绪,其实用"承接"不准确,实际上是被消解掉了,我没有因此产生任何情绪。

那个妈妈停了一会儿说:"哎呀,对不起,老师,我有点激动。"

我说:"没有关系,我能理解你。"

然后她问:"我刚才是不是有点像刺猬?"

我说:"有人这么说过你吗?"

她说:"我老公天天说我像只刺猬。"

我说:"你刚才说你的孩子像什么?再问你一次,仙人掌长在哪里?"

这一次她明显没那么愤怒了,说:"仙人掌长在沙漠里呗。"

我说:"你的家庭夫妻情感是不是琴瑟和鸣、相濡以沫的,是不是每个人都和颜悦色的,是这样的家庭氛围吗?"

她说:"那应该不是。"

我说:"所以如果就情感作为唯一的衡量元素,你的家更像干枯的沙漠,还是像一个阳光雨露都充足的花园?"

她说:"那肯定是像沙漠。"

我说:"好了,我们换一种动物打比方,沙漠里有什么动物,骆驼对吗?"接下来我就给她讲了一个故事。

一只骆驼离开了沙漠,来到了一个环境非常优渥的地方,有绿草和树荫,还有潺潺的溪水。它看到了一只小白兔,它好想和小白兔做朋友,它说:"小白兔,我们一起出去玩嘛。"小白兔说:"你等一下,我吃完饭就陪你玩。"骆驼很伤心,为什么?骆驼想,我明明看到你刚吃完午饭,现在还要吃饭,这分明是借口,你不想跟我玩,直接说就好了。对骆驼来说,三天吃一顿饭就够了,它没有办法理解小白兔的行为,它认为是小白兔不想跟它玩,故意找了一个托词。两个人的认知不同,生活习惯不同,它们没有办法玩到一起去。

我说:"你的儿子就是一只孤独的骆驼,他从沙漠里出来,找到了另外几只骆驼,他们玩在一起,讲的话彼此能懂。如果你的儿子从这个沙漠出来了,碰到一只幸福的大熊猫。骆驼说:'我爸爸妈妈昨天又吵架,烦死了。'大熊猫好奇地说:'你爸爸妈妈为什么会吵架?好奇怪啊,我爸爸妈妈从来不吵架。'然后骆驼说:'我昨天又被我爸揍了一顿。'大熊猫说:'哎哟,好奇怪啊,为什么会揍你呢?他爱你还来不及,他怎么会揍你呢?'幸福的大熊猫没有办法理解骆驼,他俩完全没有共同语言,所以不可能成为朋友。"

孩子有他的本色和内核,这个生命的内核是怎样的,一定会导致人以群分。所以一定不是那几个朋友影响了孩子,是那几个朋友和孩子产生了共鸣。就好比我是一块吸铁石，当我走出房间，左边是铁钉，右面是纸片，我会吸什么？一定是吸铁钉对吗？**人拥有什么样的能量就会容易吸引什么样的人或事物，这就是他内在的属性，而他内在的属性来自家庭环境长期的熏陶和影响。**我举个例子，一个被尊重的、从小被父母支持爱护的孩子，去网吧推开门一看，里面的人抠着脚丫，吃着泡面，抽着烟，打着游戏，那个孩子会转身跑掉，为什么？因为他没有办法待在这样的环境里。相反，如果一个不懂得自我尊重和不被尊重的孩子，当他进入这样的环境，他会觉得很开心，觉得里面的人好自由。这个内核的概念是父母一定要明白的。

我跟那位妈妈讲："你回去做一件事，去寻找一下孩子和他朋友们的共性。"

她回去了解了一下那几个孩子，回来跟我讲："我发现那几个孩子的家庭都不幸福，都是支离破碎的。"

我说："很多问题不是换一个好的环境就能解决的，单纯换个环境，他依旧是那只骆驼，反而可能因为新环境产生更多的不适应性。所以你要改变的是孩子的内核，考虑养育孩子这个个体的环境，阳光、空气、土壤、水等条件是不是充足。一个辛勤的农民不会总对着一个长歪了的瓜又吼又骂，他只会反思自己种植的过程，明年我要什么时候施肥，我要怎么让这个瓜又大又好。养瓜尚且如此，那我们养人呢？"

对于父母来说，为孩子创造良好的家庭情感环境非常重要，它直接影响着孩子的内核。孩子如果在温暖有爱的家庭情感环境里面长大，他的内在就是安全的、自信的、自我尊重和尊重他人的，他被不良的社会现象吸引和改变的可能性就大大降低了，甚至他还能去影响和改变所遇到的一些不良的社会环境。

07

预防孩子沉迷手机，家长只需要做对一步

——用情感交流代替电子产品

教育之于心灵，犹如雕刻之于大理石，而和谐的家庭关系，则是那把最精细的刻刀，引领孩子远离诱惑，健康成长。

孩子迷恋手机是广大家长经常感到困扰的问题。实际上，孩子们玩手机的行为，很大程度上是在模仿大人的举动。在他们年幼时，我们或许出于偷懒，或是为了让教育过程更为轻松，便会递给他们一部手机或平板，让他们自己观看动画片。这样一来，电子产品早早地侵入了他们的生活，取代了父母的陪伴。孩子们从而逐渐养成了玩手机的习惯，为他们日后沉迷于手机埋下了可能性。

我们必须时刻提醒自己，孩子年幼时，家庭成员间的互动非常重要，充满乐趣的家庭互动会对他们产生深远的影响。我们项目课题组有一位韩教授，在她女儿小的时候，有一次，韩教授的丈夫用超市的大广告纸折了一个超级大的"东南西北"。原本"东南西北"是一个能伸进四根手指去玩的折纸游戏，当它被折得非常大之后，就需要两

个人相互配合了。爸爸伸出两只拳头，女儿也将自己的两只拳头塞进去，两人共同协作来玩这个游戏。孩子笑得前仰后合，爸爸也笑得十分开心，他们玩得无比愉快。家庭里欢乐的氛围让孩子深深地眷恋，不用去寻找外面的刺激来填补内心的空缺，时至今日，都是孩子记忆里的一股温暖的力量。

  回忆一下我们小时候，我们是和家人玩在一起的。比如我和我爸、哥哥、姐姐一起打牌，输的人要在脸上贴纸条，舌头蘸一蘸唾沫就把纸条贴上去了。我至今仍然记忆犹新，我们一家人一起玩，一玩就是一两个小时，我爸爸的脸上贴满了纸条。有人会说，过去的娱乐设备匮乏，大家才有机会这样在一起玩。我想说的是，即使今天有了手机、电视或平板，如果你也这样和孩子们一起玩，他们依然不会一直盯着手机或电视看。为什么呢？因为和家人一起互动是多么有趣啊，如果你是一个有趣的家长，你的孩子就不会一直沉迷于动画片。

  今天的孩子沉迷于手机，还有一个原因是他们要借用手机缓解压力。有人说，小小的孩子哪里有压力？其实从孩子上学开始，我们就要开始关注了。想象一下孩子从早到晚的生活，一开门就是电梯，下了电梯就上车，上车就被押送到学校，学校里一堆课业，回家以后还是要学习。父母一讲话就是教训，经常在耳边说："这次考第十，下次能不能考第八？""这次考第八，下次能不能考第五？""你看看人家考了多少分，你也要努力。"这是不是压力？

  我们小时候就不需要特意来减压。推开门就是田野，我们可以疯跑、打鸟、下河摸鱼。今天的孩子没有这样的环境，他们在生活里不能去种菜，就在手机上种菜，然后开心地说："我收了两个大萝卜。"他们没有地方释放压力，手机就成了调剂生活的必需品。

怎么来预防孩子沉迷手机呢？首先我们要明白，完全杜绝电子产品是不现实的，家长不要试图消灭手机，我经常见到有些家长把手机砸了，结果砸了一个，还会有第二个。

曾有家长对我说："砸完了不出三天我还得给他买，不买的话，孩子就说：'你不赔我手机我就不上学了，我就在家里躺着。'"最后还得乖乖地去再给他买一个手机。

其实重点在于，我们要增加情感互动的机会，提高情感交流的质量。家庭互动生动有趣，分散孩子注意力的东西就多，孩子的兴趣就会广泛，他们就不会一直沉迷于手机；情感交流顺畅，孩子的压力就有一个释放的出口，他们就不会一直靠玩手机来减压。

如果教育的方向是错的，我们天天赶着马车，挥舞着长鞭，车越强，马越快，离悬崖就越近。而如果走对了教育的方向，教育一点都不累，就像那个玩"东南西北"的爸爸，一下班就放松地奔赴回家。家应该是所有人的加油站，拥有良好的家庭情感互动和交流的氛围，孩子才能够远离外界的种种诱惑。

08

让自己成为你想要孩子成为的样子

——是什么决定了孩子的生命状态

家庭教育的本质，不在于言语的教诲，而在于生活的示范；家庭氛围的营造，决定着孩子未来的走向与人格的塑造。

孩子的厌学、迷恋手机等问题，往往从家庭氛围和成员间的互动中就能窥见一斑。

我记得特别清楚，有一次我和助理出差，一起坐动车返程，正好赶上车厢里有一个亲子团，大人和孩子穿着统一的亲子装，显然是到北京参加游学活动的。我坐在那里观察着车厢内的孩子们，以及他们各自的家长。我平时非常喜欢观察生活，喜欢从细节中捕捉教育的痕迹，我发现孩子们的行为模式几乎都能从他们父母的行为中找到影子。

在我的前方不远处，有一对父母各自沉浸在手机的世界里，妈妈在刷剧，爸爸在打游戏。他们带着两个孩子，一个稍大的男孩在全神贯注地玩手机游戏，而小一点的男孩则靠在哥哥的肩膀上观战。整整半个多小时，那两个孩子几乎没换过姿势，弟弟看着哥哥打游戏紧张得不行,拳头紧握,双脚也紧绷着。这样的场景让我深感担忧。这个五六岁的小男孩,在他成长的过程中,是否会渴望拥有一部手机,像他的父母和哥哥那样手机玩得不亦乐乎呢?这一家四口人的眼里只有手机,他们似乎没有感受到彼此在一起。

我再观察其他家庭,有的孩子满车厢地跑闹,而父母却视而不见,仿佛孩子的行为与他们无关,也不顾及是否影响了他人。令我始料未及的是,有个小孩突然跑到我脚下,蹲着翻我放在地上的包。

我说:"想找吃的吗?"

他说:"掏出来,我看看。"

我把东西都拿出来,这孩子没有一点犹豫,直接选了几样,扭头就走了。他爸爸和妈妈在后面看了一眼,一言不发,陌生人的东西也敢让孩子随便拿了吃。孩子拿走以后,父母没有说谢谢,也没有教孩子说谢谢。

那天我不禁感慨,"上行下效"在今天也是放之四海而皆准的道理,为什么用到亲子教育上就被抛在脑后了呢?到处可见说教式的教育,爸爸妈妈拿着手机开心地追剧、聊天、刷抖音、玩游戏,一边盯着屏幕一边大声地要求孩子去看书学习。试想一下孩子的感受:为什么大人可以不看书、不学习?大人说,因为我们已经不上学了,那么这个回答在告诉孩子什么,我也不去上学就好了,就可以随心所欲地玩了。大人也会说,我们辛苦工作一天,压力很大,回家放松一下不行吗?这个回答又在告诉孩子什么?上班工作是辛苦的,体验是很不好的,孩子未来对上班工作的感受也不会是愉快的。所以,父母的言行和对生活的态度,影响着孩子生命的底色,父母拥有正确的认知和三观,才有可能实施好教育。

父母情绪稳，孩子有底气

人格的培养，更加考验家长自身的品行和气质——欲教子先教己。北京师范大学的校训是："学为人师，行为世范。"我们却忘记了，父母才是孩子的第一任老师，父母的言行是孩子的第一个课堂。"己所不欲，勿施于人"的古训还在耳畔，我们却依旧忽略了家庭教育的本质。你想教育出一个怎样的孩子，就请先成为一个这样的人！人格是由先天和后天的双向因素而成就的，也就是说，孩子的人格形成，无论是先天还是后天的影响因素，作为父母都是第一责任人。

晚一些时候，我跟助理说我要站起来活动一下腰。

我站起来，倒跪在动车的椅子上，趴在靠背上往后看，看到了这样的一个场景：有一家四口人，他们把动车的椅子掉转过去，四个人围着坐，中间有一个行李箱，上面摞着一个包，包上面搭着一条围巾，爸爸妈妈带着两个孩子打扑克，大一点的孩子十四五岁，小一点的孩子十一二岁。在我观察的那段时间里，我没有看到这一家四口有任何一个人掏出手机看视频、打游戏，一家人就在那儿打扑克，而且声音很轻，笑的时候也是有节制的，几乎不影响周围的其他人。

有意思的是，输了的那个人会被刮鼻子，妈妈刮哥哥的鼻子，那个孩子"嗯"了一声，揉揉鼻子，然后转过头去刮弟弟的鼻子，弟弟又刮爸爸的鼻子，画面充满了爱与温馨。

我像欣赏一幅画一样地看着，那个大一点的男孩儿应该是处于青春期的生理阶段，但是你能看到孩子的面容和眼神是有光芒的，整个生命是充满力量的，弟弟也同样如此。妈妈看起来是一个知性的女人，没有任何凌厉和严肃，那个爸爸同样情绪很稳定。

我拍了拍身旁坐着的助理，我助理也像我一样转过来跪在椅子上看。

我说："记住这一家四口的样子，回去以后把你的日子也过成这样。"

第二天她给我拍了一张照片，她爱人和公公婆婆，以及她2岁的孩子，四个人围着桌子下跳棋。

她问我："老师，是这样的吗？"

我说："是的，这是家庭成员该有的样子。"

一个家庭该有的样子不是背靠背各玩各的手机，也不是每个人你干你的，我干我的，我行我素。家庭教育该有的样子，不是在该管的时候不管，该放手的时候放不了手，而是彼此之间的和谐互动。

高铁上和父母愉快玩耍的两个孩子和翻我包的孩子、打游戏的孩子，一定是不一样的生命状态。**家庭教育说到底是根植于家庭成员关系和家庭互动质量上的，无一例外**。所有打游戏到自我放弃的孩子都是源于家庭功能的缺失，或家庭成员的互动质量太低。

家庭教育的核心并非在于单纯地纠正孩子的表面行为或结果，即"果相"。然而现实中，人们普遍不愿正视并承认自己的不足。试问，有谁甘愿坦然面对自己的缺陷呢？又有哪位家长愿意将孩子的不当行为、不良习性归咎于自己呢？家长们普遍怀揣着望子成龙、望女成凤的心态，期盼着自己的孩子能够出类拔萃，如同凤凰涅槃般闪耀，以此来赢得他人的赞许与认可，甚至期望通过孩子的优秀表现来赢得"凤凰妈"这样的美誉。

但是我必须讲一个概念，父母先有自己的母版，孩子才能在母版正确的情况下，塑造出合适的子版。希望越来越多的父母能够真的意识到这一点，然后去不断地修正自己，为我们的孩子树立榜样。

09

我帮女儿保号，反而让她不再玩游戏了

——如何帮孩子戒除手机瘾

理解是爱的前提，陪伴是成长的良药。家庭情感的滋养与有效沟通，是帮助孩子摆脱手机成瘾，重拾健康生活的关键。

前面我们说到，想要预防孩子沉迷手机，家庭中高质量的情感互动和交流非常关键。面对手机成瘾到"六亲不认"的孩子，家长必须有个抓手，以此修复和孩子的情感，把那些失去的联结找回来，这是一个灵魂唤醒另外一个灵魂的过程。

我女儿曾经玩《王者荣耀》很上瘾，玩到废寝忘食，茶饭不思。在生活里，我几乎没有机会和她交流，于是，我想了一个办法。

我在游戏中起了一个网名叫"为你而来"，然后在网络中跟我的孩子请教。

我说："姐姐你打得好棒，你能不能带着我？"

她跟我讲："不行，你太菜了，我带着你会耽误我的。"

我跟她说："拜托了，姐姐，我好崇拜你哦。"

她就说:"你为啥起这么个网名?"

我说:"我为你起的啊,我就是看你打得好,所以我追你来了啊。"

她好有成就感,每天带着我打。

有一天她突然跟网络上的我说:"其实我有负罪感。"

我说:"为什么?"

她回答:"因为我妈妈很努力地提升自己,可是我还迷恋网络游戏,过一段时间可能我要减少打游戏的时间了。"

因为我们两人都在家里,我不能让她看见我在上网,我一般躲在洗手间。看到她讲这句话的时候,我特别感动。

我跟她说:"你好棒啊,你对你妈真好!"

她说:"不是啦,其实我特别能气我妈。小妹妹,你听我的劝,不要让自己上瘾,上瘾了要戒除真的很难。"

女儿说出了自己的心声。

有一天我女儿跟我说:"我要准备考试了,这三个月要挂机,可是也没有人帮我保号,怎么办?"

她又说:"如果你会打游戏多好,你帮我保号。"

我说:"我会。"

她说:"你怎么会?"

我说:"我是'为你而来'。"

她当时没反应过来,说:"你啥?"

我说:"我是你那个网友'为你而来',我已经打到王者了,所以我可以给你保号。"

说完我就紧张地看着女儿,因为我不确定她会是怎样的反应。出乎意料的是,我女儿看了我好半天,没有说"你骗我",也没有说"你居然用这种套路",反而表现得很感动。

她跟我说:"妈,你是不是觉得不入虎穴,焉得虎子啊?"

我说:"不是,妈妈是想了解你的世界,妈妈只是想了解为什么那个东西让你喜欢,后来我发现自己也蛮喜欢的。"

后来她高考的三个月前,手机直接关机了。她停止打游戏,我替她保号。她事先去跟团战的几个伙伴说:"你们记得啊,从明天起,这个号上线的时候,你们不要讲粗话,因为这个号不是我了,是我妈妈。"

所有的朋友都发流汗的表情,他们都说:"哎呀,你真是个创造奇迹的人,能让你妈替你保号。"

我女儿带着一点骄傲的语气说:"我妈年龄大了,你们有点耐心啊,团战的时候不要爆粗口。"

然后我就加入了,和女儿的几个伙伴一起玩。结果第三天我也没忍住说了脏话,那几个伙伴也变得很放松,三个月以后我把号好好地还给了我女儿。那次高考之后,女儿选择复读,我陪伴着她一边克服学习的障碍,一边一点点从网瘾里走出来。

我把这段经历做了总结,后来也分享给很多手机网络成瘾的孩子家长。手机网络成瘾无外乎以下几种状况:第一,孩子的生活太枯燥、太乏味,手机里的世界太好玩了,所以才会沉迷。第二,家庭情感交流太少,孩子的内在是孤单的,有匮乏的人才会上瘾。孩子和父母沟通都不畅快,情感交流已经是枯竭的了,手机游戏一打开,终于找到一个可以安放自己的地方了,当然不愿意放下。第三,家长总告诉孩子不让玩手机,孩子叛逆心一起,心想:"我有什么不能玩的,你天天抱着玩,还不让我玩,岂有此理!"手机到手以后,因为游戏是即时满足的机制，玩的过程中可以不断地获得成就感，这种感受让孩子迟迟不愿放手。

面对已经手机网络成瘾的孩子，我们如何帮助孩子戒除？首先，一定从家庭功能的恢复开始做，我们要寻找机会增进与孩子的情感交流，当了解到孩子面临的压力时，通过耐心沟通，了解孩子当下遇到的困难和障碍，及时提供陪伴和支持，当孩子的压力减弱，会客观地重新看待手机游戏的问题。

其次，多陪伴孩子拓展其他娱乐活动，最好是室外活动，比如和孩子一起逛公园，或者进行一些体育类活动，用孩子感兴趣的其他娱乐活动替代玩手机的时间。我的女儿除了喜欢手机游戏，还对COSPLAY（角色扮演）有很大的兴趣，我陪伴她参加过很多次漫展活动，很好地分散了她对手机的注意。

最后，协助孩子做好时间分配，使用"契约精神"支持孩子矫正行为。沉迷手机的行为不是一下子就能戒除的，我们可以与孩子约定，逐渐减少玩手机的时间。每当他做到了履行承诺，都要给到孩子鼓励和嘉许，正向的激励才能让孩子继续履行承诺。

在这里我要提醒大家的是，其实在这个阶段，不能遵守约定才是常态。比如说好了玩半个小时或者一局游戏的时间，直到两局游戏结束才悻悻然放下手机。没能遵守约定说明孩子还没有学会自我管理，父母要允许孩子失败，再次约定时间的时候，稍微把要求放宽，直到孩子能够达成约定。

在这个过程中，父母要有耐心，一个约定达成后不要急着做下一个约定。同时，允许孩子有偶尔退步的情况发生，及时鼓励孩子，记得，正向的反馈是孩子愿意坚持下去的前提。

爱与自由：
爱是心疼，
放下评判，
看见孩子的
需求；
自由与规则：
没有界限的
自由就是
没有爱的自由。

· 5 ·
抱持
让孩子自主自立

在人生的漫长旅途中，孩子总有一天会离开父母的怀抱，踏上属于自己的征途。作为父母，我们所能给予孩子的最宝贵的礼物，莫过于帮助他们建立起独立生活的能力与勇气。这不仅仅是教会他们如何穿衣吃饭、如何学习工作，更是培养他们内心的坚忍与自主，让他们在未来的风雨中能够自信地前行。

父母亲身的教育与陪伴，孩子自我尝试与探索的过程，才是塑造他们独立人格与自信心的基石。我们生活在一个辅助工具日新月异的时代，从智能家电到在线教育，似乎一切都可以为孩子的成长提供便捷。然而，真正的养育却永远无法被任何辅助工具所替代。辅助工具可以锦上添花，但无法雪中送炭。正如安全意识的建立，不是通过避免所有风险来实现的，而是通过可控的小刺激，让孩子在实践中学会保护自己。今日因偷懒而省下的每一分心力，都可能在未来成为孩子成长道路上的绊脚石，让我们后悔莫及。

曾几何时，我们或许都以为让孩子独自面对一些小挑战，就是培养他们独立自主的方式。比如，我曾以为孩子独立自主就是让幼儿园的孩子独自撑伞前行，忽视了孩子内心的恐惧与不安。**人为的挫折教育或许能让孩子在表面上变得更加坚强，但内心深处，他们可能会因此失去对父母的信任与爱。**

真正的独立自主，不是让孩子独自面对未知与恐惧，而是在父母的陪伴与引导下，逐步学会如何面对挑战、如何解决问题。因此，作为父母，我们需要学会在孩子的生活中慢慢撤离，给予他们更多的自主权与决策权。这并不意味着放任自流，而是在理解、陪伴与共情的基础上，逐步放手，让孩子在尝试与探索中学会自我管理与成长。

人世间所有的爱都是为了相聚，而唯独亲子关系，是为了更好地分离。 我们与孩子相遇于这个美好的世界，是为了共同经历成长的喜悦与挑战，最终，让他们能够独立地飞翔于蓝天之下。

青春期是孩子形成独立意识与价值观的关键时期，此时，我们不应害怕他们犯错，而应大胆放手，让他们在"闯祸"中学会承担责任、**学会规划自己的生活**。在这个过程中，教会孩子管理自己的财务也是至关重要的一环。我会与大家分享女儿管理零花钱的故事：当孩子在实践中遇到问题时，父母的支持与陪伴是他们最坚强的后盾。错误是成长的阶梯，只有不断从错误中吸取教训，孩子才能逐渐走向成熟与智慧。

面对孩子犯错时，如偷钱、踢猫等行为，父母更应保持冷静与理性。打骂只会让孩子更加封闭与叛逆，而理解与引导才是解决问题的关键。 我们可以通过设计情境、共情沟通、深入剖析行为背后的原因，帮助孩子从"自我保护"走向"自我反思"，让他们明白每一次犯错都是一次成长的机会。父母的反思与成长，是孩子学会反思与成长的最好榜样。

出色的孩子不是用钱养出来的，而是用爱浇灌出来的。 金钱或许能给孩子提供物质上的满足，但无法填补他们内心的空虚与匮乏。只有当我们用爱去温暖、去理解、去激发孩子的善时，他们才能真正成长为拥有健全人格与高尚品德的人。

01

养育是要帮孩子独立，而不是代劳

——如何帮助孩子建立生活的自主性

教育的真正意义在于引导孩子学会生活，而不仅仅是学会知识。

我女儿从小到大，我都没要求她干过任何家务，只有一个要求：你学习就好。恰恰因为这样的概念，毁了我孩子的自主性，同时学习也学不好，为什么会这样？

很简单，孩子会想："凭什么洗衣服你洗，鞋带你系，文具你收，房间你扫，地你擦，就学习是我自己学，我习惯了生活中全是你的事，为什么学习是我的事？"所以她恨不得连上学都可以让父母代替。

今天的孩子是不是都爱讲这样一句话："你总说上学是最容易的，你怎么不去啊？为什么是我去啊？"

所以父母千万不要有这种想法：孩子认真学习就好，家里的事什么都不用他参与。

不让孩子参与家里的事，他往往也不能认真学习。我女儿为什么会在空闲时间选择打游戏？就是因为从小到大我都不让她做任何事情，我和奶奶把所有的事情都做了，在学习这件事上她的自主性就很差。**自主性不是在学习这一件事上建立起来的，它是在生活中逐渐养成的，这种品质随着生活迁移到了学习上。**

我是如何帮助孩子建立生活的自主性的呢？两件事：一是收拾房间，二是洗衣服。

关于收拾房间，过去她有一个习惯我实在无法接受——房间实在太乱了，就是不肯收拾。我每次都是一边收拾一边骂她，收拾完了她也并不感谢我，隔一段时间我就得帮她去整理一次，每次都闹得很不愉快。帮她收拾的过程中，我会忍不住地唠叨，她很烦，我自己也很委屈。通过她的反应，我看见镜子里面有一个一边干活一边唠叨的自己，连我自己都觉得厌烦。

我有两个选择：一个是甘愿做、欢喜受；一个是不做，也不心烦。我选择了后者，从此真的不再帮她收拾了。我每次去她房间就在沙发上拨出一个窝坐下，然后跟她聊天。孩子也很聪明，她很快就发现了我这个变化。

有一次她忍不住问我："妈妈，我这个房间你看得下去吗？"

我淡淡地回答："还好。"

"你不嫌这个屋又脏又乱？"

"这是你的选择，是你的房间，又不是我的，没关系了。"

"难道你就不想帮我收拾？"

我笑了笑："我尊重你啊，如果都替你做了，那你自己的房间就不是你想要的样子了。"

听我这么说，女儿有点着急了："可是我真的不想要这个样子。"

"不想要这样子，你就自己整理喽。"

女儿直勾勾地看着我："可是我不会。"

"没有关系，这一次呢，我帮你整理一半，你自己整理一半，然后我教你如何整理。"

女儿略带委屈地说："那好吧。"

然后我真的就帮她整理了一半，她自己整理了一半。

说句心里话，她整理的那一半非常差劲，但我依旧夸奖她："真棒，整理得真好！"

她说："可是你整理得比我好啊。"

我摸摸她的脑袋："没有关系，我们慢慢学习。"

就这样，她开始学习自己整理房间，我耐心地一次次教她怎么卷裤子、怎么叠衣服，告诉她收拾的顺序是怎样的，怎样才能不做无用功。当然只有她需要的时候我才教她，不需要的时候，我绝不强迫她。就这样，她的这个习惯慢慢开始改善了，还学会了生活方面的技能，她自己也非常开心。

如果你有一个懒惰的孩子，千万不要替他做。但前提是，你确定自己不是一个懒惰的家伙，如果是，那就只好先改正自己，再去影响孩子。如果你是大包大揽型的，就要引导孩子从小事做起，一点一点尝试着慢慢去做，只要他做到了，你就夸奖他。久而久之，他慢慢地就会改变这个懒惰的习惯。

再说关于教她用洗衣机的事情。有一天，我对女儿说："你现在要高考了，没有时间洗衣服，我能理解，我可以帮你洗。但是有一个规则，阳台有一个筐，要洗的衣服丢在筐里，我不会天天去找你问有没有衣服要洗。你有要洗的衣服，主动放到筐里，我就帮你洗好晾好，然后你自己收回去。"

女儿说："行啊，妈，放心吧。"

结果第二天她放学回来，裤子脱下来"唰"地扔了过去，看都不看。我过去一看，一条裤腿搭在了筐的外面。

规则说好了，筐里的我洗，筐外的我不洗，洗衣机做不到只洗一条裤腿，怎么办？只能是手洗，我把筐里那条裤腿洗了，筐外那条裤腿真的没洗，直接晾在了衣架上。

女儿过来看了我一眼说："妈，你真行，真干得出来啊。"

我说："咋了？"

女儿说："裤子你给我洗一条腿？"

我说："对呀，筐里的我洗，筐外的我不洗。"

她都气笑了："你跟我这么较真儿有意思吗？"

我说："这不是较真儿哦，这个是各尽其责，你说的你做到，我说的我做到。"

她说："你别以为我治不了你，洗一条是吧？"

我说："对。"

她说："洗筐里的对吧？"

我说："对。"

她把裤子摘下来，没洗的那条裤腿搭进筐里，我就把放在筐里的这条腿拿出来手洗了一遍。

女儿坐在那里笑了，她发现自己被无尽地接纳，胜利的喜悦让她开始心疼我。

她说："妈，你说我何苦这么为难你。"

我说："那你自己洗呗。"

她说：“我不会。”

我说：“那我教你。”

她说：“我不会用洗衣机。”

我说：“没关系，我教你用。”

手机玩得溜，洗衣机玩不溜，说到底还是自己不愿意学。

走到洗衣机跟前，她开始故意问："这个是什么按钮啊？这个要洗几分钟？要往哪头拧啊？"

我说了一遍又一遍，只要她问，我就不厌其烦地解释。正常洗衣服 40 分钟，她洗了两个半小时，因为按了烘干键。

我说："挺好，这不烘干了吗？"

"可是烘干以后有褶，还得再熨。"

我说："没关系，我们放进去重洗一遍。"

面对青春期的孩子，教育有时要等待一个契机——她愿意改变的时候。家长要有足够的耐心才行。

她终于学会了洗衣服。第二天打算穿什么，就丢进去洗一件，其他的都不洗。

有一次洗衣服之前她跟我说："我又不想洗衣服了。"

我说："那没事，明天随便穿一件没洗的。"

"那别人会笑话的。"

我说："没事，谁笑话你，你就告诉她，我叫王立宁，让他笑话吧。"

她说："我当真要在那些脏衣服里拿出来一件吗？"

我说："当真，你就穿着脏的去吧。"

她说："好吧，我还是洗一件吧。"

滚筒洗衣机，每次只洗一件衣服，你气不气？但是我想了想，10

·5· 抱持：让孩子自主自立

吨水之内应该会有改变，就等着她一件一件地洗。

终于有一天，改变的机会来了，因为那天是阴天，洗的那件衣服没干。

早晨起来，女儿哭丧着脸："怎么办？我这件衣服没干。"

我说："那你挑一件脏的穿呗。"

女儿气得直跺脚："啊，不行，我就要穿这件干净的！"

我说："来，我跟你一起想办法。"

当你的孩子一意孤行做错事以后，你要支持她，陪伴她一起付出代价，这点很关键。要让她知道，她的过失被你允许，而且你愿意和她一起想办法。

我说："来，两个吹风筒，我们俩一边一个，把这件衣服吹干，保证我闺女有干衣服上学。"

她一边吹，一边笑，说："我现在知道为什么你让我多洗两件了，因为总该有个备用嘛。"

我说："对，所以今天晚上回来多洗两件。"

那天晚上她挑了三件去洗。

我说："妈这儿还有一件同一个颜色的，能和你的衣服放在一起洗洗吗？"

她说："行。"

现在她不但会洗自己的，还会洗妈妈的。

又隔了几天，她跟我讲："妈，明天你去讲课，我早晨帮你把衣服熨好。"

我说："哎呀，幸福来得太突然了。"

第二天早晨，女儿臊眉耷眼地说："妈，对不起。"

我说:"咋了?"

一件香云纱的衣服,被烫出好大一个洞。

我没有动怒,反而安慰她:"这件衣服放在我女儿成长的历史博物馆吧,这是你为妈妈熨的第一件衣服,虽然没法穿了,但是它永远是一份感动,谢谢你!"

对我来讲,到这一步,教育就是一件很轻松的事了,不纠结,不拧巴,不对立,一切都自然而然地发生。

02

家长不敢放手，孩子永远长不大

——学会搀扶与放手的智慧

授人以鱼不如授人以渔，子习之途，在于试错而进，母赞之护，使子自信而坚，终得其成。

大家都说今天的孩子早熟，而我不以为然。他们的身体和思维，包括一些大胆的行为，或许让人看上去已经接近成熟，但是他们的心理状态实际上是滞后的，独立自主的能力也是缺失的。"70后"那一代人，12岁的时候基本的家务都会做了；"60后"那一代人，12岁的时候可以独自照顾弟弟妹妹了。而今天12岁的孩子在做什么？20岁的孩子在做什么？到处可见长不大的孩子和不能放手的父母。

孩子12~18岁这六年是父母不断放手、不断协助支持的过程，就像老鹰训练小鹰飞翔的过程：母鹰把幼鹰带到悬崖边上，然后把它们推下去，小鹰会努力振动翅膀求生。小鹰初期的尝试会经历很多次失败，母鹰大部分时间能够及时俯冲下去救回失败的小鹰，有的小鹰则因过于胆怯而被母亲活活摔死，但母鹰不会因此而停止对它们的训练，几百次甚至几千次狠心的训练和尝试，练就了孩子有力的翅膀和搏击蓝天的胆识。但这远远不够，还有更加残酷和恐怖的，那些被推下悬崖而能胜利飞翔的小鹰将面临最后的也是最关键、最艰难的考验，它们那正在成长的翅膀会被母亲残忍地折断大部分骨骼，然后再次从高处被推下。而母鹰之所以这样做，是为了让小鹰的翅膀更加强壮。鹰的翅膀的骨骼再生能力极强，在被折断后只要忍着剧痛不停地振翅飞翔，使翅膀不断地充血，不久便能痊愈，而痊愈后的翅膀会长得更加强健有力，才会有鹰击长空的壮美和生命翱翔的自由。

  这个过程体现的是母亲抚育和成就一个生命的智慧、勇气和决心。作为父母，我们能赋予孩子的正是这种精神：**全力成就他，尽职尽责地教导，然后安心坦然地放手**。在这个过程中，我们也要有足够的心理准备，初期的放手不见得能一次成功，就像老鹰绝不是一次把小鹰推下悬崖就了事的。你要做好准备和他一起承担失败的后果，一起总结经验教训，不断尝试直至成功。**失败绝对不是成功之母，失败之后有效地总结和调整才是成功之母**。并且，放手这一步和前面几个阶段的心理哺育是否到位有着密不可分的关联性，如果前面的几个阶段父母完成了该做的事，放手这一步会水到渠成，否则就需要补齐前面欠下的功课。

  我女儿从小到大没干过任何家务，有一天她突然心血来潮，找到我说："妈，我明天做早餐。"

  我问："你要做什么？"

  "土豆丝夹饼好不好？"

  我说："太好了！妈帮你准备啥？"

  女儿拒绝了我的帮助，满怀信心地说："放心吧，啥都不用，我自

·5· 抱持：让孩子自主自立

己来，没问题的。"

第二天，女儿早晨5点多就起来忙活，平时我们俩7点半吃早餐，她给自己留了两个半小时。

学习心理学之前的我一定会说："哎呀，别费时间了，我自己来吧，20分钟就搞定。"

这次我决定完全放手，让孩子自己去做。早晨5点钟我也起床，在旁边给她喝彩，她负责做，我负责夸奖。

我说："哎哟，闺女土豆削得真好！"

实际上，不夸张地说，那土豆真的削得乱七八糟的。

我说："哇！闺女，你做饭的样子好美哦，我要是男的，准保爱上你。"

女儿说："讨厌！就在旁边夸人家，就知道动嘴。"

我说："没错，这一刻只需要我动嘴。"

除了夸奖她，我就静静地看着她，既不多话，也绝不指手画脚。比如炒土豆丝时盐放了两次，我知道肯定咸，但我不讲话，让事情发生后再总结。如果这个时候提醒女儿放了两遍盐，只会打击她的积极性。

饼放微波炉里的时间长了，足足五分钟，但我还是不说话，顶多就是饼硬一点嘛。饼做好了，放在我面前。

我拿起土豆丝饼狠狠地咬了一口，说："嗯，妈牙口还行，就算我女儿做的是铁，我都把它嚼了。"

她坐在对面笑着说："真夸张。"她自己也咬了一下，说："妈，我咬不动，为什么会这样？"

她问为什么的时候，才是需要我支持她、指导她的时候。

我告诉她："饼在微波炉里时间太久了，两分半就不会这么硬。"

她说："对，时间太长了，还有，妈，土豆丝是不是太咸了？"

我接着说："刚才你放了两次盐，是有一点咸了，但是没关系，咸了多喝水，淡了蘸点酱。"

她看着我，说："是不是很糟糕？"

我说："最重要的是妈吃到女儿做的饭了，不在于它做成什么样子。"

女儿听完我的话，说："妈，那我明天再做一次好不好？"

"好啊，那就再来一次。"

第二天，土豆丝依旧咸了，但是饼不硬了。女儿的厨艺有进步，这是一个不断赋能的过程。最后我连吃了四天，终于吃到一份可口的土豆丝夹饼。我们都希望孩子不付代价就能获得成功，都希望孩子表现得更好，但现实是，孩子不可能第一次做一件事时就有能力把它做得完美，所以无论建立规则还是培养习惯都需要完整且愉快的体验过程，还要有对事不对人的总结过程，加上再来一次的机会，能力才能被学会，习惯才能被养成。

在孩子养成良好习惯的过程中，我们在中途不要打断，不要制止，不要干预，不要批评，当然前提是发生在保障人身安全的范围内。

孩子吃个饭掉一地，不要急于干预，让他一次一次地吃，一次一次地掉；孩子把掉在地上的食物捡起来吃也没有关系，没有孩子会因为这个就拉肚子甚至暴亡的，现在的地板没那么脏。允许他掉，允许他捡，允许他打破碗，允许他摔跤，不敢放手，孩子永远长不大。

孩子12岁以后，还有另外一个层面的放手，即放下对孩子的执着。焦点适当转移，为将来孩子的放飞做最后的心理建设，让他们学会在自由中找寻自己的方向与价值。对于父母来讲，剥离黏着的过程，真的是一个考验的过程，需要父母拥有一定的智慧才能做到。

孩子小时候，不给他压抑控制；长大些，不给他压力负担；分开后，不给他苦苦思念。父母要开始学习爱无牵绊的智慧，就要放下心里、眼里、世界里只有孩子的执念。如果你没有自己，你的世界里全部是孩子，你实际上成了他的附属品，对孩子来讲，这将是沉重的情感包袱。

曾经看到一则小故事，讲一个孩子要去美国读书了，临行的时候，妈妈抹着眼泪把照片放在孩子的钱夹里面，对孩子说："记得经常给妈妈打电话，千万不要忘记妈妈啊，想妈妈就看看照片，妈妈会很想你的，你要经常来电话，不然妈妈会惦记你，会很伤心。"

孩子听了眼泪在眼圈里打转，接着孩子去奶奶的房间，也要求奶奶把她的照片放在钱夹里面，奶奶淡淡地拒绝了，也没有过多地和孩子说什么，只是告诉孩子："明天还要坐很久的飞机，赶紧睡吧。"

孩子有些失望地走了。

妈妈责怪奶奶："您不是最疼孩子吗？这一走就是一年，您都不和孩子好好说点啥，怎么对孩子这么无情呢？"

奶奶的脸上晕开一层淡淡的幸福和从容："孩子有出息高飞了，要是让他因为想我心里难受，我宁可让他忘记我！"

孩子长大了，依恋本该减少了。很多时候，不是孩子离不开父母，是父母承受不了孩子离开的失落，父母执着被依恋的感觉不肯放手。学习放手吧，让他做他自己，而你做你自己。

03

自立的背后是深深的爱和安全感

——分清独立教育和人为挫折教育

教子须应时变,挫而不伤其本,顺其自然之性,适时关爱放飞,勿以己意强加,愿过往之痛,警醒后世之亲。

自从学习了心理学,我才意识到自己并不是一个合格的母亲。在女儿需要支持和关爱的时候,我并没有给予她足够的关注。

我不认同所谓刻意的挫折教育,现在很多人认为需要安排孩子经历挫折,才培养他们的能力,但这样做可能会破坏孩子内心深处的安全感。

有一段时间,孩子经常问我一个问题:"妈妈,你爱不爱我?"

我总是回答她:"废话,我当然爱你了,这世界上还有人比我更爱你吗?"

直到学习心理学后,我才明白,如果孩子经常问这个问题,那可能意味着她感到迷茫,不确信我对她的爱。

有一次,我询问她:"你觉得妈妈爱你吗?"

·5· 抱持：让孩子自主自立

她回答说："我觉得你不爱我。"

我追问："是什么让你这么觉得？"

她回忆道："你还记得吗？有一次上幼儿园，下着大雨，你让我打了一把小伞，你自己撑着一把大伞，就让我自己在前面走。那天雨很大，还有雷声。我看着别的小朋友都是被妈妈抱在怀里，用衣服包着，只有我一个人拿着小伞走在前面。"

她的话让我突然回忆起那个场景，当时她停下来，转过头对我说："妈妈，我好害怕。"

而我却告诉她："怕什么？下雨又不是下刀子，有什么好怕的，勇敢地往前走。"

那一刻，我心里想的是，现在的孩子都是温室里的花朵，我一定要让她足够坚强，能够经得起风雨，这样她才能在起跑线上获胜。现在回想起来，那个想法是多么荒谬，我根本没有考虑到她的感受。

我对她说："你往前走有什么可怕的？"

结果她的伞被风吹得翻了个面，她淋湿了，开始哭泣。

我又对她说："你哭什么哭，来，看着妈妈。"

她抬头看着我，我把我的伞收起来，让雨淋在我身上。

我问她："你看有什么好怕的？不要怕，往前走。"

孩子一边抹着眼泪，一边坚强地往前走，我就那样看着她哭泣着走进幼儿园。当时我还觉得有些失望，觉得我的女儿太脆弱，为什么不能像我一样坚强。她姥姥就是这样教育我的，所以我一身本领，我自然也希望我的女儿能够像我一样。

记得小时候，我妈的厂子给我们建了一个小房子。有一次，我妈妈把我锁在屋里就去上班了。那天下午大约3点钟，外面突然下起了大雨，房顶开始漏水，雨水慢慢地漫到了脚腕的位置。我感到非常害怕，开始放声大哭，心想我会被淹死在这个屋子里，没有办法逃出去。

就在这个时候，我听见门开了，我妈妈回来了。她担心家里会出事，所以提前回家。她打开门进来，看到我站在沙发上哭。

我妈妈没有安慰我，只是说："哭有什么用？哭能解决问题吗？"

说完，她转身拿起一个梯子就出去了。我从沙发上下来，水已经没过了腰，还是非常害怕，于是扶着墙跟在我妈妈后面走出去。

后来，我看到我妈妈蹬着梯子上了房顶，开始忙碌起来，她把屋顶的油毡铺好。从房顶上下来时，她脸色苍白，衣服和头发都湿透了。

她进屋前回头对我说："哭有什么用？把房子修好不就行了，没出息！"

然后我跟着她进了屋。她递给我一个小盆，自己拿了一个大盆，我们开始往外舀水。那一刻，我认为那样的教育才是对的教育。所以我用同样的方式教育我的孩子。然而，我忘记时代已经不同了，没有那样漏雨的房子了，那些充满坎坷的经历不是必需的。我的孩子本来可以比我更幸福，可以享受更多的家庭温暖，可是我却因为自己固执的认知，人为地让她经历了很多伤痛。

现在仍有很多人说要进行挫折教育，人为地把孩子送去吃苦，虽然的确会锻炼孩子的能力，但同时也可能摧毁孩子内心最柔软的部分。

我不主张人为地去做挫折教育，顺其自然就好，该给孩子呵护的时候给够，该放飞的时候放飞，而不是时时刻刻用自己的认知来教育孩子。我的女儿今天也在面临着压力，因为家庭教育讲师这个职业，我对外讲了很多她过去的事情，这也会不断唤起她过去的伤痛。

每天晚上，我和女儿聊天的时候，都会问她："妈妈今天讲的这件事你介不介意？"

她说："妈妈，其实有一点我跟你是一样的，我愿意让你去讲我们过去的这些事，因为我不想再有小孩儿像我过去那么难过，不希望天下的父母再这么对孩子。"

听到女儿的话，我心中五味杂陈，只能紧紧抱住她，感激她的理解和宽容，也为自己过去的错误教育方式感到愧疚。我告诉女儿，妈妈会努力学习，努力成为一个更好的母亲，给她更多的关爱和支持。我也希望，通过分享我们的故事，能够让更多的父母意识到挫折教育的误区，用更加温暖和包容的方式去陪伴孩子成长。女儿听后，露出了灿烂的笑容。

那一刻，我知道和女儿的亲子关系又近了一步。未来的路还很长，但有了彼此的陪伴，我们一定会走得更稳、更远。

04

让孩子多参与家庭生活，越参与越独立

—— 帮孩子获得对生活的掌控感、成就感

教子之道，贵在引导其自主，历练其能力，方能使其于人生之路，自信而坚忍前行。

今天的生活环境较过去有了极大的提升，但其弊端是，孩子失去了很多参与生活实践的机会。孩子如果对家庭生活没有参与感，就很难对家产生眷恋；孩子如果因为过少地参与家务劳动而缺乏生活能力，就很难获得生活的掌控感。因此，**我们要提高孩子对生活的参与度，让他们拿到对自己生活的主控权**：经过自己的努力，体会做事情的快乐，从而获得成就感。

我跟女儿讲："过两天我们单位有人来家里，我做两个菜，你做两个菜，你看怎么样？"

女儿看着我说："好呀，我做拇指煎包吧。"

我说："好呀，听着很不错啊。"

回家之前我跟我的朋友说："我女儿的拇指煎包不管做成什么样，

都拜托你帮我表扬她一下。"

同事说:"哎呀,放心吧,其实你不用嘱咐我,谁去别人家还不给主人面子啊,我们可能会打击自己的孩子,但绝不会打击别人的孩子。"

我听到这话以后,觉得这里面满满的都是教育的矛盾。家长总觉得自己的孩子做什么好像都差了那么一点,别人的孩子做什么都能放低标准去鼓励。

"哎呀,很好啊,做得很棒啊。"为什么不能把这种嘉许给自己的孩子呢?

那天我们回家后,我女儿做了一道拇指煎包,还做了一道煎带鱼。煎带鱼都变成煎带鱼泥了,拇指煎包几乎没有一个包子皮跟馅儿是在一块儿的。

女儿一脸沮丧地坐在桌边。

同事说:"哎,你别看包子煎破了,但是味道不错哦,馅儿是你调的吗?"

女儿说:"是啊是啊是啊!"

同事接着夸:"你别看带鱼炸成这样,哎,我发现这样更入味儿啊!"

我女儿一再地确定说:"真的吗?真的好吃吗?"

同事很肯定地说:"真的好吃。"

女儿说:"哎呀,我忙活了两个小时。"

她在厨房忙活的这两个小时,有很多的心理活动:自我质疑、自我否定,然后自我鼓励、积极探索,千万不要小看家庭中的这一份人间烟火,真的能够锻炼到孩子的多种心理品质。

后来我开始逐渐地把家中的一些事情交给她，比如让她去交水电费、煤气费，让她去找工人修空调，让她设计我们家客厅的装饰画挂在哪里。我发现孩子逐渐有了一个变化，她开始对自己有了新的认知：我在这个家里有价值。她越来越明白自己能为这个家做什么，自己能主导什么。

她主导的东西越多，她的独立性就越强；而她的独立性越强，她的能力就越大，因为她要不断地获得独立感，就需要不断地尝试做事情。

现如今我们的孩子动不动就要放弃生命是为什么？让他留恋的事物太少了。留恋是付出，不是索取。如果一个人始终在索取，他的生命很容易丧失动力。他自己都不能主控自己的生活，哪里会有动力呢？

当我意识到这一点，我一直尝试培养我女儿对家庭的付出，有时候让她研究一个灯怎么安，有时候让她研究客厅怎么布置，研究牛排怎么煎会更嫩、更好吃。我们两个在家里经常会彼此欣赏对方为这个家做的事情。在这个过程中，她也觉得生活越来越有意思了。我女儿现在已经到了谈婚论嫁的年龄，未来我一定不会为她选房子，一定不会帮她去设计、帮她去装修。

而且我告诉她："记得啊，如果你将来要结婚，你们家的一草一木，一盆一碗，要两个人共同去挑选，不要一个人把家里所有的东西都安排好了。这样这个家里就有你们共同的记忆，这个家就有你们共同留恋和关注的东西，你获得幸福的能力会更高。"

我一直在考虑，我小时候是什么样的因素让我不停地做事，并且越做越好。在参与家庭劳动的过程中，我一直保持着创造力，当一个

· 5 · 抱持：让孩子自主自立

人一直发挥着创造力的时候，这个人的生命就会有力量；在做事情的过程中，我开始对自己有新的认知，也在收获着他人的认同，他人的认同让我产生很好的自我评价。所以我会更有力量，更有自信。

我跟女儿说："曾经的妈妈就像一只燕子，一根草一根草地衔回家，筑了一个窝，然后把蛋孵出来，每天出去捉了虫子回来喂给小宝宝，还要为它遮风挡雨。小燕子经过一段时间的喂养逐渐长大，我必须教会它去衔草，教会它去体验我曾经体验过的所有过程，而不是替代它去做。"

家庭教育其实就是给孩子足够的空间、足够的信任，允许他试错，允许他不断地去修正和成长，培养他面对问题和解决问题的能力。

孩子的生命是属于他自己的，不要试图代劳他应该体验的尝试，不要试图扫平他成长过程中遇到的障碍，这样就剥夺了他生命的主导权，孩子反而因为我们的过度呵护，失去了生活的动力。我们应该做的是给他机会参与生活，在他遇到困难时，鼓励他去面对；在他失败时，给他鼓励和支持。这样，孩子才能在不断地尝试和挑战中成长，学会承担责任和面对生活中的种种挑战。

05

我用这招帮孩子学会管理自己的财务

—— 如何培养孩子的财务自主管理能力

教育就是给足孩子空间，包括试错空间；给足信任，包括允许失败的信任。

我的孩子因为我在她生命早期家庭教育的缺失，导致她在某些方面的成长相对滞后。直到她上了大学，我才着手教她学习财务管理，而这个过程是从她管理自己的零花钱开始的。

孩子刚上大学没多久，就给我打电话说："妈，我特别自卑。"

我问："为什么呀？"

她说："同学们都是一个学期的生活费都存在卡里，我还得每个月管你要，我觉得自己特别幼稚。"

我告诉她："好吧，那我就给你一个学期的生活费。但我们要做好计划。"

她却说："你怎么那么啰唆，花多少钱我还不知道吗？"

我没有培养过她这方面的能力，我推测她可能会出问题。然而

·5· 抱持：让孩子自主自立

此刻她不需要我，我也并不想跟孩子争论对与错，何不让它自然发生呢？不允许她出问题，拿什么来总结？

于是，我给了她一个学期的生活费，都存到了卡里。然而，仅仅过了两个月，她就给我打电话说："你来一趟吧，出大事儿了。"

我坐飞机赶了过去，问她："怎么了？惹祸了？"

她说："不是惹祸，是我的钱花完了。我后面的两个月没有生活费了。"

我说："你花钱的能力真强。你是怎么花完的？"

她摇摇头说："我也搞不清楚，稀里糊涂地就花完了。反正是花完了，我后面没有生活费了，现在怎么办？"

我看着她，说："那我们就商量一下怎么办吧。妈妈有监督的责任，我因为信任你，没有履行好这个责任，也要和你共同承担这个代价。"

她点了点头，说："是，你都没有监督好我。"

适时地允许孩子把责任往你身上放一点，减轻她的心理负担，事情已经发生了，抱怨毫无用处。

我说："但是我不能负全责，你认为我应该负责多少？"

她说："三分之一吧。"

我说："好，那你自己呢？"

她说："我自己也要负责三分之一吧。"

我又问："那另外三分之一呢？"

她说："我爸也要负责三分之一吧。"

我说："好，我同意。你问问你爸同不同意。"

她给她爸爸打了电话，结果可想而知，她爸说："我同意，爸全负责都行。"

我给她爸爸悄悄发了个短信，说："只负责三分之一就好。"

接下来我们商量各自要如何负责，我和她爸爸分别承担她后两个月生活费的三分之一，加起来就是三分之二。她自己的那三分之一怎么办？她还在上大一，学业任务比较重，没办法出去勤工俭学。于是，她打算把那三分之二的钱省着花，撑过这两个月。

我们两个击掌约定。

我说："接下来我们要总结一下为什么这次会把钱花完。之前没有做好规划，那现在我们要不要做一下规划呢？如果这一次不需要我指导，下一次我就不会承担这三分之一的责任了。"

她说："要，你帮我计划一下吧！"

于是，我们两个一起做计划，规划多少钱用于吃饭，多少钱用于购买卫生用品，还有多少钱用于购买自己喜欢的东西。做好预算后，她发现有一个地方能省钱，那就是减少喝饮料的支出。

她说："我每天两杯果汁要花 60 块，如果我现在不喝这两杯果汁，一天就能省 60 块。"

我说："太好了，那就别喝了。"

然而，我回去不到两天，她就给我打电话说："妈妈，拜托了，求求你了，给我点杯果汁吧。"

我问她："怎么了？"

她说："我对面床的同学在喝果汁，杯果汁好浓稠、好香甜，味道一直飘过来。"

我说："闺女，你下楼去跑步吧，眼不见心不烦。等她喝完了你再回来。"

· 5 · 抱持：让孩子自主自立

她有些无奈地说："要不要这样啊？"

我坚持说："那必须这样，我们总得为自己负责吧。"

她妥协道："好吧我认了，可是我真的好馋啊。"

作为妈妈，我当然心疼她，给她点一杯30块的果汁虽然不是难事，可如果我做了这个动作，就会让她觉得可以不用付出代价。

我跟她说："如果你真的想喝果汁，不如我送你一个榨汁机。因为你有买水果的钱，可以把水果榨成果汁。"

她问我："妈妈，一个榨汁机多少钱啊？"

我告诉她："我给你买一个好一点的榨汁机，出汁率多一些，大概要500块到700块吧。我寄给你。"

她惊讶地说："妈，你是不是疯了？30块钱你给我点杯果汁就解决的问题，你要花500到700元买个榨汁机？"

我解释说："这是两个概念，我如果给你点果汁，是我替你承担责任；我送你个榨汁机，是妈妈对你的爱，你可以选择要，也可以选择不要。"

女儿毫不犹豫地说："要，赶紧寄来。"

于是我在网上订购了一个榨汁机，直接寄到了学校。过了三天，她就给我发图片，兴奋得不行。

她跟我说："你看看我榨的果汁漂不漂亮？"

我看到图片上还有一个漂亮的小柠檬片作为装饰。

我说："哎呀，好漂亮啊！"

她又跟我说："你知道吗？黑心的店老板赚了我多少钱啊！我买了4块钱的柠果，按照网上的配比，榨出了两大杯果汁，都喝不完。"

我说："就是，你好好去榨汁，好好去享受吧。"

又过了一个星期，我女儿跟我说："妈妈，我连水果都不用买了。"

我说："为什么？"

女儿说："我和同学商量好了，我对面床铺的同学负责采购水果，我负责榨汁，这样一来，我连买水果的麻烦和钱都省了。"

我说："真是太棒了，你完美地解决了这个问题，就按照这样分工吧！"

最后真的就是这样，宿舍时光四年，那个榨汁机陪伴了她们四年，为她们提供了甜美的果汁，既健康又美味，同时我女儿还学会了财务管理。

如果她第二次遇到类似超支的问题，我也会帮她承担，只要她比第一次有所进步，哪怕只是一点点。如果她没有进步，我也会鼓励她重新开始，不断尝试，直到她学会为止。

用求教和征询的语气引导孩子。比如，我可以问女儿："这件事我犯难了，如果你是妈妈，你会怎么办？"或者问儿子："如果你来做决定，你会怎么做？"

我们还可以通过让他们来规划家庭的暑期旅行——包括预算和攻略的制定——训练孩子规划财务的能力。孩子会发现自己的特质和长处，并不断地锻炼自己。青春期的孩子需要这样的放手和支持，当他们遇到困难时，我们要给予他们鼓励和协助，让他们有力量再次尝试。

06

坚持"爱"的立场，用"在场"为孩子兜底

——如何提升孩子的财商

父母之爱子，则为之计深远；宠而不溺，方能成其才。

女儿大学毕业前后，她找工作的那段时间里，我发现她总是特别纠结，晚上也经常睡不好觉，还经常恍神。跟她讲话的时候，总是故意躲闪我。只要关于钱的话题一提起来，她就非常敏感。

有一天我忍不住找她聊天，说："宝贝啊，你告诉妈妈，是不是最近一段时间财务上有问题了，是钱不够花了还是怎么了？"

她看着我，很焦虑地说："我准备找一个工资最高的剧组，哪怕工作时间很长。"

"妈妈拜托你一件事。"

"什么事？"

"不管发生什么事，你都告诉妈妈好不好，无论什么事。"

说到这儿，她稍微有点坐不住了，说："妈，你感觉到啦！"

我说："我感觉你最近不对劲，告诉妈你到底咋了。"

她看着我说:"妈妈我闯祸了。"

我说:"你闯什么祸了?"

她小心翼翼地说:"那我告诉你,你扛得住吗?"

"我相信我扛得住,你说吧。"

我当时平静地看着她,心里觉得一定和钱有关。

她跟我说:"妈妈,我欠了些网贷。"

"什么时候开始网贷的?"

"我从大二开始陆续地就开始有网贷了。"

"你贷款干吗呢?"

"妈妈,你还记不记得我喜欢 BJD 娃娃。"

"嗯,还记得。"

"一开始我想给 BJD 娃娃做美妆,因为我是学美术的,想业余时间赚点钱,我就尝试在网上接点美妆的活儿,有 300 元的、500 元的、800 元的,可是第一单就失败了,给人家娃娃画坏了,要赔大概 7000 元,我不敢跟你讲,就借了点网贷。后来到时间还不上,只能拆东墙补西墙,再从其他平台贷,然后再还另外一个平台的钱。"

说到这里,她停顿了一会儿,接着说:"当时我就很焦虑,只能想到一个办法,就是做生意倒卖娃娃,先低价买一个娃娃,给它上完妆以后,再高价卖出去,弥补我前面的亏空。结果我做两次失败两次,而且还有一次上当被骗了,买了一个假娃娃,所以窟窿就越亏越大。"

此时,我情绪还算稳定,说:"没有关系,你告诉妈妈欠了多少钱。"

她说:"两年的时间,差不多将近 4 万了。"

我说:"这么多了,没有关系,你给妈妈点时间,我冷静一下,然后我再慢慢帮助你。"

·5· 抱持：让孩子自主自立

我转头把这事跟我妹妹说了，我妹妹是做财务工作的。

我跟妹妹说："你去找她捋一下，把所有平台的网贷都一笔一笔地捋出来，看看到底欠了多少，到底是什么情况。"

然后我妹妹就去找我女儿，果然不出所料，欠款越挖越多，4万多的网贷加上很多的分期付款，十几家网贷公司，最后算下来，一共12万多。

那天晚上我们家气氛非常凝重，女儿也很紧张地坐在椅子上。

我组织了一下语言，郑重其事地说："其实这件事我蛮痛心的，以前的确是妈妈对你的教育有缺失，但是现在你也长大了，这个时候你闯了这么大的一个祸，我们需要共同商量一下该怎么办。这件事妈妈不能负责，大学期间你的生活费提前花完了，我帮你负责两次了，这次要靠你自己。当务之急就是你来做还款计划，其他的什么都不想，我唯一能给你的支持就是协助你找一个律师。"

那段时间我女儿被逼得都快神经衰弱了，因为网贷的追债方式就是各种人身攻击，骂人、威胁，什么样的都有。现在我知道真相了，她就不用说谎回避我，可以当着我的面接电话，声音外放，电话一通对方就开始骂人。

我帮孩子找了个律师，为她交了律师费，让律师负责跟这些平台协商。

我带着女儿到律师楼那天，进门后的景象真的震惊到了我们。一层的办公室里竟然全是家长带着孩子来处理网贷的。有一位妈妈我记得特别清楚，她的孩子连研究生都读不下去了，因为追网贷的人把孩子逼得只能躲在学校附近的出租房里，不敢回学校。

那位妈妈哭着说："我不给他还不行。"

我问："欠了多少钱？"

"20多万，如果不帮他还，孩子研究生就得辍学。"

对孩子财商的教育，我们缺失得太多了。

接下来，我带着孩子去找律师，处理好后面的事情。女儿找了一个工资比较高的剧组工作，那段时间她除了完成剧组的工作，还接了很多兼职，争分夺秒地去赚钱。律师协助她计划每个月赚来的钱分别还给哪个平台，整整两年的时间在第三方的监管下偿还债务。整个过程中，除了足够的精神安慰和陪伴，我给她唯一的支持就是9000元的律师费。

后来，她在还完全部债务以后还攒了一些钱。前段时间跟我说她想换一辆车，把现在的车子卖掉，自己贷款买一辆电车。

我说："可以啊，反正贷款你自己以后也还得清。"

结果她了解了一圈之后回来跟我说："妈妈，我的征信都是'花'的，工作人员告诉我，没有五年，我的征信是养不过来的。"

"对呀，这就是冲动的惩罚。"

"妈，那你怎么看这件事？"

"五年而已，我们好好地再把信用养回来。"

"那我就换不了车了。"

"那就不换了，接着开这辆，再开五年也没有问题。"

"对，"她坐下，开始跟我讲，"妈妈，我现在发现了，真的有很多事情是我一意孤行造成的。"

那段时间她在剧组拼命赚钱的时候，我无数次动摇过。作为一个妈妈，看着孩子那么辛苦，怎么会不动摇？我甚至想再要她一个承诺："我帮你还了，以后你再也不准这样了。"但是最后我还是忍住了，我宁可她在这一刻付出代价,宁可在这一刻我心痛,她挨累,宁可走过这两年的纠结,我也不要再给她奠定一个二次网贷的基础,一定要让她吸取足够的教训。

好在孩子理解了我的良苦用心,但是这一路走来真的不容易。父母坚守原则并不是一件容易的事,我们爱却不能宠溺,这是一个很难拿捏的尺度。面对一些原则性的错误,我们既要有绝对坚持的原则和立场,又要有相对的温柔和陪伴。

07

孩子偷钱，不打不骂也能让孩子不再犯

—— 孩子犯错之后要如何处理

教育孩子的全部秘密在于相信孩子和解放孩子。

"棍棒底下出孝子"的旧时代已然逝去。诚然，那种教育方式曾孕育出诸多脍炙人口的孝子佳话，只是那个时代已成为过往。在当今的家庭教育中，依靠压抑、训斥乃至体罚的手段已然行不通，这些做法只会加剧亲子间的对立与隔阂。

孩子的思维水平和行为水平尚未健全，他还没有成熟到能为自己负责的阶段。我认识一位很有智慧的爸爸，面对孩子犯错时的处理方式令我啧啧称赞。

他的孩子在上小学五年级的时候，有一天早上爸爸去上班，发现有一件东西落在家里，回家去取，门推开一半的时候，看见孩子在做一个动作——从他的钱包里偷拿了一张50元现金放在自己的口袋里，爸爸站在门口什么都没讲，轻轻地把门关上了。

这位爸爸说："看到这一幕，我知道出问题了，但是这个问题出在

哪里，在我没有想清楚之前，我宁可什么都不做，我得管理好自己的情绪。"

于是，这位爸爸思考了一下午这件事情应该怎样处理。

晚上回家后，爸爸把儿子每天放学必玩的一个公仔收起来了，儿子回来以后到处找不到这个公仔，跑来问，公仔哪里去了，他上学之前明明还放在这里。爸爸让儿子继续找，儿子找了很久也找不到，眼看情绪就要爆发了。

爸爸说："你要找的公仔是这个吧？"然后他把藏起来的公仔拿了出来。

儿子一看，说："对啊，怎么在你手里？"

爸爸说："因为我喜欢，所以你不在的时候，我偷偷拿去我的房间了。"

儿子说："你不尊重我。"

爸爸问他这种感觉好不好，他说不好。"那你早上从我钱包里拿了50元钱，你现在了解我的感受了吗？"

儿子当时就不说话了，隔了一会儿说："爸爸，对不起，我纠结了一天，要不要把这个事情跟你坦白，没想到你知道了。"

爸爸说："没有关系了，谁不犯错呢？爸爸小时候也偷拿过爷爷的钱，所以我能理解你。但是我想知道，是不是最近和爸爸的感情出现问题了，钱不够花，也不敢跟爸爸讲，是我没有关注到你的需求，逼得你不得不去犯错，所以爸爸给你道歉。"儿子顿时羞愧得无地自容。

父母生起反思的时候，孩子才会生起反思；父母没有反思，都是指责的时候，孩子只会生起一个东西，叫自我保护。他会讲理由，讲借口，他不会承认错误，因为这种羞愧感他不想要。

于是儿子说:"是的,爸爸。"

"那告诉爸爸为什么钱不够花了。"

儿子不好意思地低下头,说:"我们班转来一个女生,喜欢喝奶茶,我想给她买奶茶。但零花钱的去处每一笔都要记下来,我不敢写用零花钱给女生买奶茶喝,怕妈妈说我。"

爸爸笑着说:"我儿子长大了,有社交开支了,那以后零花钱留一部分隐私给你,这一部分花销你不用记录,可以自由支配。"

这个事情得以一次性解决,孩子再也没有偷拿过钱。

孩子在犯错的时候,家长的基本态度和处理方式,就决定了孩子下次犯错以后敢不敢承认和面对自己的错误。很多时候孩子说谎、骗家长,推卸责任,都是因为要逃避处罚,人都是趋利避害的,这是人的天性。所以我们在教育的概念里,不允许孩子犯错是不现实的,每一次犯错都是通向成熟的里程碑,要把每一次犯错作为孩子成长的契机,帮助孩子从错误里总结经验,获得智慧。

08

爱的引导：帮孩子得到自己想要的东西

——如何激发孩子的主动性、创造性

真正的爱不能用物质来衡量，缺乏爱的给予，只会让心灵更加贫瘠。

在亲子关系中，当你不懂得如何付出爱的时候，或许只能依赖于物质上的给予，这其实是一个令人悲伤的事实。用物质给予代替爱的表达，这样的做法反而会让你的爱愈加难以展现。而相反地，有时候孩子的物质需求，也可以用爱的方式来引导和表达。

曾有一位极其出色的老师，他是我的人生导师，对我的成长影响深远。他分享过一个他和孩子之间的故事。

他家里有三个孩子，有一天，孩子们对他说："爸爸，我们想要一个洋娃娃。"

那个洋娃娃真是精美绝伦，可以抱着奶瓶喝奶，眼睛还会一眨一眨的，甚至能自己入睡，还会哼唱《摇篮曲》。

爸爸听后说："那么棒啊，那得多少钱呢？"

孩子们回答:"2800多块。"

爸爸皱了皱眉,说:"哦,2800多块啊,我这个月没有这方面的预算呢。"

我当时作为他的学生,听到老师说到这里,心里暗暗想:我们的学费一个人都要交十多万,老师一个月的收入得有二三十万人民币吧,这么一个2800多块的洋娃娃,三个孩子一起要,均摊到每个孩子头上也没多少钱,怎么就不给买呢?

老师接着往下讲。

孩子们听后,脸上露出了失望的神情。

爸爸这时又说:"不过,我相信你们三个合力想要得到一样东西,一定有办法。"

于是,三个孩子跑到房间里去商量对策。

商量完后跑出来对爸爸说:"爸爸,我们打算把我们的旧CD、旧玩具都拿出去卖,卖了钱就可以买这个洋娃娃了。"

爸爸听后,赞许地说:"太好了,你们去卖吧。"

孩子们又犯难了,说:"那我们该去哪里卖呢?"

爸爸建议道:"你们去跟小区物业商量一下试试吧。"

孩子们跑去跟小区物业商量,结果遭到了拒绝,非常沮丧地回来跟爸爸说:"小区物业不让我们卖,街边也不让我们摆摊,这可怎么卖啊?"

这时,我这位老师觉得是时候给孩子们一些支持了,于是说:"最近公园里有一个义卖活动,你们可以去那里租一个摊位,但是要先讲好,你们义卖所得的一部分是要捐出去的。"

于是三个孩子找到一个摊位,然后把家里的旧CD、旧玩具等全部打包起来。东西很多，打包的过程对于三个孩子来说是很累的，如果父母直接要求孩子做类似的事情，孩子有可能会拼命喊累，但是当孩子自己想要达成一个目的，有一个动机，再苦的过程，也能默默坚持克服困难。

三个人收拾完了，打包出摊了。

哥哥在摊位前使劲吆喝："这里有二手 CD、二手玩具，还有二手汽车模型啊！"

姐姐负责数钱，妹妹负责打包，三个人合作得天衣无缝，因为他们就想要那个娃娃，再累也没关系。

哥哥提议说："去买瓶水吧。"

妹妹就说："钱还不够呢，喝什么水，忍一忍吧。"

爸爸适时地说："好了，水我可以请你们喝。"

爸爸全程就请孩子们分别喝了一瓶水，剩余时间都在观察这三个孩子。

三个小孩收摊以后，一部分钱捐了出去，扣除洋娃娃的钱，还剩了 200 块，三个人平分了，还给爸爸买了根雪糕。

当孩子想要一件东西时，家长有权利选择给与不给。但是请千万别用学习成绩来交换奖励，不要说"你考 × 分，我就给你买遥控飞机"，那么学习就变成他为你做的事了；也不要直接对孩子说"家里没有钱，买不起"，这样会让孩子产生匮乏感，甚至觉得自己不值得拥有。我们需要想办法启发和鼓励孩子用现有的条件来创造。

听老师讲完这个故事，我内心尘封已久的记忆被触动了。

记得我五六岁的时候，想要一套《三国演义》的小画书。

妈妈说："家里的钱都是计划好的，没有多余的钱给你买。"

那一套书价格不低，我当时很沮丧。妈妈就启发我，让我自己想办法得到，我想了整整一天。小时候我是在妈妈的工厂大院长大的，妈妈的工友在中午休息的时候都会拿着玻璃茶缸子围在火炉边取暖聊天，我经常去凑热闹，偶尔也会讲故事给他们听。

于是我想到一个方法，去找妈妈商量："妈妈，我可以讲书给你的工友，每个人收五分钱吗？"

"我没问题，你自己去问问人家要不要听。"

第二天我就去了工厂，一上午又激动又紧张。好不容易到了中午，我搬了一个小板凳在火炉边，然后站上去，壮着胆子和那些工友说："叔叔阿姨，我要买一套《三国演义》的小画书，需要四块九毛钱。从明天开始，我每天中午在这里讲书，如果要听，每个人付给我五分钱，我需要攒够买书的钱，攒够一本讲一本，你们愿意吗？"

我记得当时屋子里面的人哄堂大笑，笑过之后，居然全体同意了，就是这样，我拥有了人生的第一笔收入，买了我自己想要的东西。

今天我站在讲台上，还经常会想起那个场景。我真的很感谢我的妈妈。反观现在大多数家庭里的孩子，堪称父母的掌中宝、心头肉，只要在能力范围内，父母只想尽可能地满足孩子提的物质要求，因此孩子很少有机会体验到通过自己的努力去获得想要的东西的过程。**自食其力的能力，绝不是在成年以后才具备的，应是从小的历练和培养。**

09

用爱唤醒孩子的善：13岁踢猫少年的改变

——如何让孩子学会珍爱生命，向善成长

教育的本质意味着，一棵树摇动另一棵树，一朵云推动另一朵云，一个灵魂唤醒另一个灵魂。

过去的几年，我们中心的指导师参与过一些涉案罪错未成年人的关爱项目，我们发现，很多犯罪的少年都有一个共性，就是在成长的过程中或多或少经历了一些导致心理创伤的事件。这些心理创伤或许从未被关照过，在成长的岁月里变成一颗种子，酝酿出苦涩的果实。

几年前的一个清晨，我在小区遛弯儿的时候，看见一只受伤非常严重的小猫，浑身是泥，奄奄一息地躺在路边。我赶紧回家拿纸箱把它装了起来，送到医院去救治。

第二天我在路上碰到了小区里的一位老人。

老人说："昨天你救的那只猫是被一个孩子踢伤的，猫被踢到墙上，从墙上弹下来，掉在地上，摔成了那个样子。"

老人讲这话的时候，那只小猫已经救治无效了。凭借着职业敏感，

父母情绪稳，孩子有底气

我决定去找到这个孩子，了解一下究竟发生了什么。我去物业那里调监控录像，通过居委会找到了那个孩子的家。我去敲门的时候，孩子妈妈开了门。

我说："我是来找你家小孩儿的，你们家有一个大概这么高的孩子，昨天他在小区里踢了一只猫，我想跟他聊聊。"

她紧张地连连摆手说："没有没有，他不是我家的孩子，我们没有踢猫，没有的事儿，孩子不在家。"

我真的能理解一个妈妈要保护自己孩子的心情，但是这种保护不是真正的保护。

我跟孩子妈妈讲："你放心，我不是来追责的，我也不是来找他要赔偿的。我是一个心理咨询师，我只想见见孩子。"

我和她沟通了很久，终于打消了她的顾虑，她答应让我和孩子聊聊。于是，我和孩子在楼下的椅子上坐下。

那个孩子很紧张，他看着我说："阿姨，我不是故意的。"

当时的监控录像显示，那只小猫好好地趴在地上，他飞起一脚就把猫踢起来，然后头也不回地走了。我想要了解一个问题，我们的少年怎么了？他为什么要用这样的方式去对待另外一个生命？

我说："阿姨不想谈责任，那些现在都不重要了，我只想问你，昨天你怎么了？为什么会那么生气？"

孩子看着我，眼泪就在眼圈里打转。

他说："爸爸和妈妈离婚了，昨天爸爸又来了，和妈妈吵架，我保护不了妈妈，又不能和爸爸对抗。我不知道该怎么办，我非常生气。走在路上，我看见那只猫忽然就觉得好讨厌，就想踢它……"

我耐心地倾听他，直到他释放完所有的情绪。

282

· 5 · 抱持：让孩子自主自立

我说："平时，或者你小的时候，你爸爸有打过你吗？"

他说："打过。"

我说："你告诉阿姨疼不疼啊？"

他说："怎么会不疼呢？"

我说："昨天的那只猫被你踢起来的时候也一定很疼。"

这个时候，他看着我说："阿姨，那只猫当真救不回来了吗？"

我说："是的，虽然有一点不忍心，但我必须告诉你救不回来了。"

他说："我现在特别后悔，那我该怎么办？"

我说："那个事情已经无法挽回了，你想想现在还能为小区里其他流浪猫做些什么呢？"

后来那个孩子真的把自己的零花钱攒起来，去喂养院子里的流浪猫。又过了一段时间，我听小区里的人说，那个孩子集合他的同学，在空闲的地方搭了很多猫舍，喂养了一群流浪猫。

我也找孩子的妈妈长谈过多次，了解到她和孩子爸爸当时并不觉得离异的伤害对孩子来说有多严重，他们不了解一个小小的少年内心有多少无法倾诉的愤怒、压抑和无能为力的感受，更不知道这些情绪会在青春期的时候失控。

我们的少年如果出现了一些失常的行为，我们要思考的是，什么刺激了他在这个特殊时期做出非正常的行为？每一个孩子都应是天使，是什么养大了孩子内心的魔鬼？只要我们找到原因，就能用相反的力量找回那个纯真的天使。**唯有爱能唤醒他。**

这件事大概过去两年后，有一天我下班回家，发现那个孩子在我家楼下的桂花树下面站着，一副腼腆的样子。

我径直走过去，问他："孩子，怎么了？你是在等我吗？"

他笑着说："阿姨，我中考成绩下来了，考得还不错。"

看到他绽放笑容的那一刻，我真的看到了家庭教育这份工作的意义，看到它对一个生命深层的影响，我再一次深刻地领悟到，每一个细微的引导、每一次耐心的陪伴，都可能成为孩子成长路上的一盏明灯，照亮他们前行的方向。

家庭教育不仅仅是知识的传授，更是品格的塑造、情感的滋养。它关乎着一个孩子的未来，更关乎着一个家庭的希望乃至社会的和谐与进步。那一刻我更加坚定，自己的工作是值得用一生去坚持的，因为于我而言，这已经不仅仅是一份职业，更像是一种使命，一种将个人价值与社会责任紧密相连的崇高追求。我想我会继续深耕家庭教育领域，为更多家庭带去科学的家庭教育理念和方法，让更多的孩子能够在爱与理解中茁壮成长。

结 语

周遭的一切，
都会因为我的不同而不同

回望过去那段在亲子关系的迷雾中摸索前行的日子，仿佛一场漫长而艰辛的旅程。我曾是一位迷失方向的母亲，用我以为对的方式爱着孩子，却导致了母女关系的疏离和裂痕。那些日子里，我深感困惑与自责，仿佛被困在一个无解的迷宫中，找不到出路。

然而，正是这些痛苦的经历，成为我成长和觉醒的契机。我开始学习心理学，试图去理解孩子的内心世界，去理解亲子关系的本质。我终于明白，父母对子女真正的爱绝不是占有和控制，而是接纳、理解、尊重和抱持。我开始学会倾听孩子的心声，去看到她内心的需求和渴望；我学会了共情，能够把自己当作她，去感受她的喜怒哀乐；我学会了接纳，无条件地包容她所有的一切；我学会了赞许，帮助孩子树立自信心；更重要的是，我学会了放手，让孩子在探索与实践中学会自我成长。

随着我对家庭教育的深入理解和实践，我发现，周遭所有的一切都在因为我的不同而不同。我开始以更加开放和包容的心态去接纳身边的人和事，去理解和尊重他们的差异与多样性；开始懂得每一个生命都是独一无二的，都值得被尊重与被爱；开始学会放下自己的执念和期望，去欣赏和拥抱孩子的独特之处；开始以爱的视角重新解读原生家庭留下的印记，从中汲取力量，停止错误的教育基因在伤害里轮回……

我发现，这种变化不仅让我变得更加从容，也让我与孩子之间的关系变得更加紧密和谐。她开始愿意信任我、依赖我，也开始更加愿意与我分享她的想法和感受。这种亲密无间的亲子关系，让我感到无比幸福和满足。

我们是因，孩子是果。唯有父母愿意真正地改变自己，孩子才可能发生改变。我的女儿因为我的转变与成长，开始变得自信、独立、有责任感。她学会了管理自己的情绪，学会了与他人合作，学会了财务管理，学会了独自面对困难和挑战……

回首过去，我深感自己在这条成长与探索的道路上收获颇丰。现在的我怀揣着一个朴素而深远的梦想：我想通过我的努力，让更多的家庭不在家庭教育这条路上付出代价，让孩子们都能在父母良好的教育下拥有健全的人格。未来，我将继续在这条道路上前进，因为我始终相信并且期待着，当每一个家庭都充满爱与被爱的智慧时，我们的孩子一定会像花儿一样绽放，我们的世界也必将更加和谐与美好。

学员语录

1. 太真实了，好感动，表达出我们做母亲的永远是爱自己的孩子的，只是方法不对，没有领受到孩子成长时的心和他的需求，但是爱是恒久忍耐，爱是永不止息。

2. 太感动了，老师的很多案例都是我正在经历的；太痛苦了，就像看电影似的。其实我也一直在努力，通过各种渠道去学习，用大量的时间和精力努力学习怎么做妈妈，怎么和孩子沟通，尽量抽时间陪伴孩子，每天去接送，希望会越来越好！

3. 一个把事业干成功的女人，发现丢了教育，然后立即掉转方向，从头再来，一样成功！拿得起也能放得下！真乃大师！能做到您这样，真是全国家长的楷模！深受启发，顶礼膜拜，深思熟虑，反思自己，调整并坚定自己的教子信心！谢谢王立宁老师！

4. "80后"的我们，小时候被老师和父母批评，成年后被孩子的老师批评，被孩子嫌弃，大半辈子都如履薄冰、诚惶诚恐。谁来体谅、谁来关爱一下我们啊，最终是"80后"的父母承担起了一切的辛酸苦辣。

5. 了解了您和孩子的故事，泪水顺着脸颊肆意地流了下来。您是一位伟大的母亲，能摒弃教育当中的狭隘思想，和女儿双向奔赴了一个新的生命开端，值得敬佩。您是我学习的榜样！您的故事教育了我，感恩！

6. 把我看哭了，想起陪伴孩子时候的种种过激行为，所幸孩子没有您说的那么严重抵触，所幸孩子现在也是依然爱着我们的，为我以前的所作所为感到懊悔。

7. 陪伴真的很重要，父母绝不能缺席孩子的成长，把孩子教育好就是我最好的事业！

8. 跟立宁老师同样的年纪，也犯过同样的错误，认识您很高兴，同理心很重要，现在从孩子的角度看问题更重要。

9. 我也后悔，如果早点听到您的指导可能跟女儿就不会有这么多矛盾了。

10. 感觉到疼的同时，孩子也受伤了，因为力的作用是相互的，适可而止，就能止损。

11. 缺爱的童年需要一生去治愈，我就有个缺爱的童年，所以我现在把爱都给了我的孩子。

12. 立宁老师是一位可以把灵魂感受用语言表达得很清晰的女士，也是一位有格局并用行动包容生活的女士，她的个人素养已经超出很多家长了，在很多妈妈认为自己可以随心所欲地教育孩子的时候，她遇到问题即刻反省，学习后还及时纠错。这种自我完善成长的妈妈太值得妈妈们学习了。孩子不只是我们家庭的更是国家的，全民妈妈都应该学习并成长，不但孩子会幸福快乐地长大，国家也会更好。向王老师致敬！

13. 我是一线教师，我一直跟单亲家庭的家长传递这种豁达的教育理念和博大的亲子情怀，希望所有的家长避免在孩子心里深耕芥蒂与仇恨，而要种植炽爱和恭敬。为此，很想给王老师一个深情的拥抱。

14. 爱是相互的，老师讲得太好了——"如果你想妈妈了，就好好地抱抱自己，如果你爱妈妈就请你好好地爱自己，因为你的存在妈妈就不会消失"。我们爱孩子也是在爱自己，我们给孩子自由，也是给自己自由，爱不是束缚，也不是道德绑架，爱是自由和唤醒。

15. 真的很受益！为孩子提供情绪价值，做孩子的坚实后盾，不是一味地说教，而是感同身受与陪伴！感谢替我陪伴儿子的老师和朋友！

16. 喜欢王立宁老师的自我剖析，从她的事例中可举一反三找到自身的不足，为了家人和孩子努力地改变和提升自己，让自己活得更有价值！

17. 王老师母女的故事太感人了，为孩子的懂事，为母女间的真情，也为我和女儿。原来辅导学习也要带着感情，以前我只会带着情绪，而且是负面情绪，孩子写作业慢，注意力不集中，我在一旁焦虑暴躁，真的是鸡飞狗跳，现在学到了，要先协调孩子与我的情绪和状态，引导和疏通。

18. 不要对立，承接情绪、共情、支持和鼓励。王老师讲得很接地气，情景化＋剖析问题，很感动，很受用。

19. 终于明白，缓冲与平衡对人的情绪是最大的安慰，孩子需要，家长也需要，职场同样有用。

20. 深有感触，孩子的成长需要借助一个伙伴来缓冲和平衡被打骂、被逼的委屈与不满情绪，而现在的独生子女家庭，三口之家，家庭成员少不说，没有兄弟姐妹互相支持和理解，没有爷爷奶奶、姥姥姥爷在跟前救驾，只有一对珠联璧合的夫妻。弱小的孩子总是在孤军奋战，更有甚者还经常要应对男女"混合双打"，想想就揪心！学习到了：禁止家长混合双打，一个人教育的时候，另一个大人不能视而不见，至少事后应主动与孩子沟通，倾听孩子的心声，要做情感按摩，给孩子提供缓冲和平衡的空间，还有就是给孩子尽可能多地找几个好朋友。

21. 特别喜欢立宁老师！都说现在的孩子脆弱，可是看看孩子的生长环境，除了学习他们还有乐趣吗？现在的孩子没有玩伴，没有大自然，要玩只能去淘气堡，这能怪孩子吗？

22. 如果一个生命允许平凡，他一定会在平凡的生命里创造不凡，让雄鹰去翱翔，让小鸟去歌唱，多么经典实际。

23. 立宁老师说的这些其实都是一个正常父母应该做的，是再正常不过的事，也算不上多么深奥难解。然而就是这样很正常、很平凡的做法竟然没几个父母能做到。因为父母出问题了。而成千上万的父母永远是在研究怎么教育孩子，怎么改正孩子的错，就是不会想是不是自己有问题。

24. 立宁老师说得太好了，以子为镜，养儿育女不是为了教育，是为了透过教育孩子完善自己，让自己更成熟、更从容、更淡定。让自己和孩子一起成长蜕变，更趋于一个母亲应该有的状态。

25. 学习后不禁感慨，过去孩子的苦多，但凡有一点点的甜都格外珍惜。现在的孩子甜多，偶尔一点点的苦却会让孩子记一辈子……

26. 每次骂完我闺女，我还没走出来，她就嘎嘎笑上了，我一度认为她可能缺心眼，但是我慢慢发现拥有这个能力的不是所有人，她也不是缺心眼儿，可能她比较会平衡自己。

27. 我分析过立宁老师说的问题，以前我们早上挨骂，一路和村里的同学说说闹闹就跑到学校，情绪就被抚平了。在学校被老师收拾了，我们回家路上去河里抓螃蟹，情绪又被消化了。现在的孩子在上学路上还要被训。在学校的压力大，还没有缓冲又要被妈妈接回家，没有一个让孩子去排解情绪的环境。

28. 立宁老师说得对，孩子就是需要陪伴，我就是全职带孩子，我的孩子没有叛逆期，很多家长开家长会的时候，都说自己的孩子有各种问题，说不完道不完的。其实我心里挺纳闷的，到了初中，家长要学会闭嘴，多听孩子跟你分享学校的事情。现在我儿子上高二了，一直没有出现过叛逆期，什么对父母大吼大叫、跟弟弟抢东西这一类事情，在我们家从来没发生过，因为我也从来不需要哥哥让着弟弟，如果弟弟打疼哥哥了，哥哥直接还回去就好，所以弟弟从来不敢挑战哥哥的权威，哥哥会护着弟弟，弟弟也尊重哥哥。他们兄弟两个，一个会做饭烧菜，一个会洗碗刷锅，感情非常好。

29. 赞同立宁老师的做法，多鼓励孩子，认可他，多表扬他，多理解他，多支持他。不要把自己的认知、焦虑、恐惧、愤怒、委屈强行转移给孩子，就是对孩子最好的教育。孩子若是平凡之辈，那就承欢膝下；若是出类拔萃，那就让其展翅高飞。接受孩子的平庸，就像孩子从来没有要求父母一定要多么好一样。总之，穷不怪父，孝不比兄，苦不责妻，气不凶子。送给自己，也送给你们，一起共勉。

30. 我的女儿叛逆期爱上了角色扮演，一到放假就把自己打扮得怪里怪气，我老公说支持她，又不是干坏事，因为他想起他小时候集邮，花了好多零花钱才买来喜欢的邮票，却让我婆婆一把火烧了。他一直怀恨在心，说只要孩子不做违法的事，有啥爱好一定要支持，不能像他妈妈对待他那样对待女儿。

31. 立宁老师的故事让我非常感动，我当过老师，六年级调皮捣蛋的学生留级后，在我的班上改变了，不调皮捣蛋了，成了带领大家爱学习、爱劳动、讲纪律的模范了，成了班主任管理助手，太有同感了！三十多年过去了，又牵动了我的思绪，我的做法就是欣赏这些孩子的闪光点，认可他们，赞美他们，他们就变成优秀的学生，变成领头羊了。

32. 王老师您好，我的妈妈走了一年半了，说实话，我一直没放下，时常强烈地想念妈妈，想念到时常哭着睡着，梦见妈妈又哭着醒来。妈妈病重时也同样告诉过我，不要呼吸机，也不要有创伤的急救，我按照妈妈嘱咐的做了，但我一直都有一个执念，感觉自己没有尽全力救妈妈，妈妈会怪我，所以我一直都无法释怀。今天听了您的一番话，一下子让我轻松了，放过了自己。想念妈妈就好好地爱自己，妈妈也希望我好好的。感恩遇到您！

33. "你做过小孩都不能理解他，他没做过父母，拿什么理解你？"这句话说得太好了！

34. 听您娓娓道来这一段段往事，不知道为什么我的眼泪就是止不住。我很幸福，我爸妈很爱我，他们把所有的爱都给了我。可我还是重度抑郁症+重度焦虑症患者，现在正在调整好转。

35. 如果当初能听到老师的课该多好啊！我孩子网瘾的时候，我每天都去网吧逮他，后来花1万块钱给他买了台电脑，每天在家看着他，我们无法沟通，气得我哇哇哭！太无奈了，后来他成为一个教师，现在已经成为学校的校长了。

36. 每次看王老师的视频都情不自禁哭得稀里哗啦！不知道是哭

自己的失败让孩子的内心承受了多久的委屈，还是哭王老师的伟大。我的内心好像也没有那么焦虑了！自己好像也会笑了。

37. "他们生我们，历经千辛万苦养我们，真的不是为了毁掉我们，只是不知道怎么滋养我们！"这句话好感动。

38. 王老师，非常感谢您，您的视频我一个一个地用心领悟，我以前做妈妈太用力，伤了孩子也伤了自己，太感谢您了！我现在让孩子做自己，接纳孩子的一切，也放过了自己，很从容，这样都开心幸福，看过您的视频，我也给儿子写了一封信。

39. 终于有人宣传正确的观点了，现在太多人讲原生家庭的问题，可是太多人就停留在对原生家庭怨和恨的层面上，然后让自己更加坠入深渊，认识的目的是反思，理解包容是让自己成长。

40. 醍醐灌顶、泪流满面，原来，我一直还没有长大，一直还留在那些刻骨铭心的荒芜岁月里，我一直还在贫瘠的精神沙漠里孜孜以求，却不知道其实我就在那绿洲边缘，转身就是富足！

41. 立宁老师讲得真是太好了，原生家庭虽然不完美，但它实实在在地让你成长，让你有一个避风港。

42. 家庭是命运共同体，感恩遇见立宁老师，洞见了家庭教育的真相：家是爱的港湾，情感交融的地方，精神孕育的地方，灵魂互渡的地方，没有教育只有影响，有着自尊自信自爱的父母是孩子们最好的榜样。所以家是自我修行的道场，以子为鉴，让我们活得更加淡定、从容、自在，让我们更加趋于一个母亲应该不断完善的样子，做孩子心中永不凋零的玫瑰花。

43. 听过很多心理学家的分享，都是把自己的孩子教育得如何好，都是成功案例，只有王老师的分享让人觉得更真实，更接地气。

44. 每次听完立宁老师的讲述，心里都觉得特别平静，同时也在反省自己，改变自己，尽力去做一个合格的好妈妈！

45. 自从我当了助残志愿者，我才醒悟：拥有一个身心健康的孩子，就是很大的幸运了，从此我不再逼孩子学习，不逼他上兴趣班，现在两个孩子都是快乐的孩子。

46. 有多少心理医生把一切归罪于父母，动不动就一句受原生家庭的影响，让孩子心生怨恨，我喜欢王老师！

47. 以前的父母打压式教育，童年从没有被夸奖过，不管你多努力讨好，努力干农活，干得好是应该的，干不好就被骂，导致我特别自卑。自从认识我老公，被认可，被夸奖，越来越自信，那种自卑感终于被我摆脱了，但是打压式教育真的抗压能力强，没什么事能打倒我！遇山开路，遇水架桥！

48. 不纠结，不拧巴，不对立，顺势而为就是最好的答案，老师说得很对！这种深深的体悟，其实真的是简单的道理，教育真的需要智慧的父母。

49. 教育实施的过程，要时刻关注孩子的情绪，情绪不好，停止教育，这是非常重要的一个概念。还有，我们愿意一口一口饭喂给他吃，却不愿意给他一点点情绪价值！太经典了！

图书在版编目（CIP）数据

父母情绪稳，孩子有底气 ：唤醒孩子的自驱内核 / 王立宁著. -- 北京 ：北京联合出版公司，2025. 3.
ISBN 978-7-5596-8348-9

Ⅰ . G78

中国国家版本馆 CIP 数据核字第 2025EC6886 号

父母情绪稳，孩子有底气：唤醒孩子的自驱内核

作　　者：王立宁
出 品 人：赵红仕
责任编辑：管　文

北京联合出版公司出版
（北京市西城区德外大街 83 号楼 9 层　100088）
河北鹏润印刷有限公司印刷　新华书店经销
字数 225 千字　700 毫米 × 980 毫米　1/16　印张 20
2025 年 3 月第 1 版　2025 年 3 月第 1 次印刷
ISBN 978-7-5596-8348-9
定价：55.00 元

版权所有，侵权必究
未经书面许可，不得以任何方式转载、复制、翻印本书部分或全部内容。
本书若有质量问题，请与本公司图书销售中心联系调换。电话：(010) 82069336